I0839946

CENTRO DE
SUPERACIÓN INTEGRAL
RLM

Institución Cultural no lucrativa

rolealcentrosi@gmail.com

PRESENTA

EXPERIENCIAS EN PSICOTERAPIA INTEGRAL

ROLANDO LEAL MARTÍNEZ

Primera edición, enero de 2020
Segunda edición corregida, 2023
Centro de Superación Integral RLM
© Derechos reservados por
Rolando Leal Martínez.

Diseño de Portada: Jonathan Díaz, 2023

Prohibida la reproducción de este libro por cualquier medio sin la autorización expresa del autor. Se pueden utilizar fragmentos del documento siempre y cuando se cite el título del libro y el nombre del autor.

CONTENIDO

EN RECONOCIMIENTO

A todos los psicólogos, psicoterapeutas e investigadores de esta hermosa labor de servicio consciente a la humanidad. Gracias a sus descubrimientos, los que seguimos sus pasos hemos podido poner en práctica sus teorías y fundamentos sobre el conocimiento y el desarrollo del ser humano.

EN AGRADECIMIENTO

A todos aquellos que confiaron en mí, para acudir al Consultorio de Psicoterapia Integral para recibir alguna ayuda relacionada con su problemática personal, de pareja, familiar, de estudios, laboral u organizacional, ya que por medio de ellos pude realizar esta misión de colaborar al servicio de los demás.

EL AUTOR

ROLANDO LEAL MARTÍNEZ.
Doctorado de Filosofía en Ciencias Holísticas.
Maestría en Psicología Laboral.
Maestría en Enseñanza Superior.
Arquitecto y Lic. Psicología.
Maestro universitario.
Psicoterapeuta integral con enfoque
transpersonal.

OBRAS DEL AUTOR

EL SENDERO DE LA PAZ Y LA ARMONÍA INTERIOR
MEJORA TU SALUD CON YOGATERAPIA
ESCRITOS DE UN BUSCADOR DE LA VERDAD
HERENCIA DEL PASADO
EL PROCESO DEL AUTOCONOCIMIENTO
MEDITACIÓN PROFUNDA
VISUALIZACIÓN CREATIVA
APRENDE A SER FELIZ CONTROLANDO TUS EMOCIONES
COMUNICACIÓN CONSCIENTE
LA OTRA REALIDAD
CAMINO A LA MONTAÑA
EL SANTUARIO INTERIOR
ENSEÑANZAS DE UN MAESTRO ESPIRITUAL
REVELACIONES DE UN LIBRO MÍSTICO
ESTUDIOS PROFUNDOS
RECUERDOS DE ETERNIDAD
LA MENTE INTERNA
EL INFORME RADOM
PROGRAMACIÓN MENTAL CON HIPNOSIS
TRANSFORMA TU VIDA

PRELUDIO

Viendo hacia el pasado recuerdo que de niño me gustaba reflexionar sobre lo que sucedía a mi alrededor, quería entender por qué actuaban las personas como lo hacían, pero todo ello no era muy consciente de mi parte, sino algo natural, posteriormente en mis estudios de preparatoria llevé una clase de Psicología, que me permitió saber que existía este tipo de conocimientos acerca del ser humano, del funcionamiento de la mente y los procesos psíquicos, y en la clase de Ética descubrí que en la historia humana conocida, habían existido pensadores que se habían preocupado por explicar lo que sucedía en el individuo y en la sociedad, los llamados filósofos antiguos.

En esa misma época mi hermano Humberto llevó a mi casa varios libros, uno de ellos de Psicología rusa, que también leí ampliando un poco más las ideas sobre la mente humana; y otros libros de Teosofía y de los Rosacruces, que hablaban de conocimientos profundos acerca del ser humano.

En mis estudios de Arquitectura en una clase de teoría, el profesor hablaba de la Psicología de la Gestalt o de la percepción de la forma, y cómo estas ideas habían influenciado el diseño y el arte en general.

Más tarde comencé a comprar libros de espiritualidad y esoterismo, que me fueron llevando a una comprensión sobre el ser humano desde un punto de vista integral, al mismo tiempo que estudiaba Arquitectura, seguía mis investigaciones personales, sobre el ser humano, así llegué al conocimiento del Naturismo y el Yoga, y posteriormente me encuentro nuevamente con la Psicología.

Incursioné en el yoga llegando con el tiempo a dirigir una escuela y crear un sistema de Yogaterapia, enfocado al mejoramiento de la salud de los practicantes (ver mi libro: *Mejora tu salud con Yogaterapia),* estudié varios diplomados: Psicología, Hipnosis clínica, Programación Neurolingüística, Dianética, Acupuntura con acentuación en lo psicológico, Psico-homeopatía, Curación con energía, Flores de Bach, Terapias naturales, Maestría en Enseñanza superior y Maestría en Psicología laboral, culminando en un Doctorado de Filosofía en Ciencias Holísticas.

Casi sin buscarlo las personas que me conocían se acercaban a mí para platicarme sus problemas, o para buscar alguna ayuda de los conocimientos que ya tenía, y así comencé a orientar y apoyar a quienes lo necesitaban, más tarde junto con mi esposa decidimos estudiar la Licenciatura en Psicología, al término de la cual abrimos un Consultorio de Psicoterapia Integral.

Al escribir este libro cumplimos alrededor de veinte años de estar ayudando a las personas interesadas por medio de las ideas, conocimientos y prácticas que hemos desarrollado en nuestro consultorio, y de estas experiencias es que quiero compartir algunos fragmentos que puedan ser útiles a quienes lean estos escritos.

Este libro está dedicado por una parte a los estudiantes y profesionistas de Psicología y Psicoterapia de cualquier línea conocida, por otro lado, al público en general, interesado en aprender algunas de las técnicas que hemos investigado y aplicado con buenos resultados en nuestra labor psicoterapéutica.

Para ti que lees este libro te pido que tengas una mente abierta para poder revisar de manera imparcial, los esquemas de pensamiento que están involucrados en los diferentes puntos de vista que hacen posible enfatizar lo holístico o integral.

Llamamos integral a este enfoque de Psicoterapia, porque buscamos comprender al ser humano en sus tres aspectos personales: físico, mental y espiritual, tomando en cuenta además su relación social y su entorno natural.

Lo espiritual
La mente y lo Sociocultural
El cuerpo y la Naturaleza

PSICOLOGÍA

La Psicología es la ciencia que estudia los procesos mentales y el comportamiento, tanto a nivel individual como social. En el transcurso de su historia ha ido evolucionando gradualmente, hasta llegar en el siglo XXI, a tener el enfoque actual.

La etimología de la palabra **psicología**, viene del griego y significa *psique* alma o mente, y *logos* tratado o estudio, por lo que se podría decir que es el estudio de la mente o del alma.
Se encuentra la idea del término en las obras de Aristóteles, *De anima* (del alma), pero pasarían varios siglos hasta que se comenzó a utilizar la palabra psicología.

El término actual psicología se remonta al siglo XVI según algunos investigadores, apareció por primera vez en 1520 en el libro *Psichiologia de ratione animae humanae* del poeta y humanista latino Marko Marulic. Otros estudiosos consideran como creador del término al reformador religioso alemán Philipp Melanchton, alrededor de 1530 probablemente en su obra *De anima*.
En Francia se menciona el libro *Psichologie ou taricté de lápparition des esprits* de Noel

Taillepied en 1588, también existe otra referencia al uso del término por parte de un autor alemán Rudolf Goclenius en *Psychologia hoc est de hominis perfectione* alrededor de 1590. El término se comenzó a aceptar gracias a las obras del filósofo alemán Christian Wolff quien lo utilizó en sus libros *Psychologia empírica* en 1732 y *Psychologia rationalis* en 1734.

La Psicología es una rama de la Filosofía que es el estudio de las primeras causas y los primeros efectos de todo cuanto existe, la palabra **filosofía** significa amor a la sabiduría, o amigo del saber, viene del griego, *filos* amigo o amante, y *sophía* sabiduría.

Por ello desde sus inicios su enfoque es filosófico, es decir, utilizar la razón para explicar el comportamiento humano y los procesos mentales, sólo cuando aparece el conocimiento científico alrededor del siglo XVI en Europa, diferenciándose de la Filosofía, es cuando el saber del mundo visible y tangible cobra fuerza y su propia autonomía como campo de estudio.

En el caso de la Psicología fue un largo proceso, hasta llegar en el siglo XIX a ser aceptada como una ciencia, gracias a los esfuerzos de muchos estudiosos del ser humano, como Wilhelm Wundt quien fundó el primer laboratorio de Psicología experimental en 1879, en la ciudad de Leipzig, Alemania.

La Psicología se relaciona con otras ciencias como la Fisiología, la Biología, la Medicina, la Sociología, la Antropología, la Etnología, la Ética, la Lingüística.

Algunos investigadores dividen el estudio de la Psicología en dos grandes áreas *Psicología básica* (1) y *Psicología aplicada* (2), en el área básica tenemos aquellos estudios psicológicos de tipo amplio, abarcando un gran abanico de intereses de la ciencia psicológica como: Psicología general, experimental, evolutiva, diferencial, comparada, de la personalidad, biológica, etc.

En la Psicología aplicada encontramos áreas especializadas como Psicología social, educativa, laboral, infantil y clínica. Cada una de estas áreas se subdivide en muchas ramas de estudio y especialización.

De estas cinco grandes áreas de la psicología aplicada nos enfocaremos en la Psicología clínica, que se encarga de estudiar el fenómeno de la salud y la enfermedad desde el punto de vista psicológico.

En la Psicología clínica se busca ayudar a las personas a recuperar su salud integral, para ello se hace una evaluación, diagnóstico, prevención e intervención terapéutica.
Recordemos que la definición de **salud** según la Organización Mundial de la Salud es el completo bienestar físico, mental y social del individuo.

La diferencia entre la Medicina y la Psicología clínica es que mientras la Medicina se enfoca más en el buen funcionamiento del organismo, la Psicología clínica se concentra en la mente y el comportamiento.

Existen tres especialidades de la Medicina que se relacionan más directamente con la Psicología clínica, y son:

1.-La Neurología por su especialidad en el sistema nervioso y el funcionamiento del cerebro, ya que la Psicología se enfoca en los procesos cognitivos que tienen como sustrato el cerebro.

2.-La Endocrinología, por el estudio y la investigación del aparato endocrino y la correlación entre las emociones y las producciones hormonales.

3.-La Psiquiatría, que se enfoca en las enfermedades mentales con un trasfondo orgánico y funcional.

> (1) *Psicología básica:*
> Psicología general
> Psicología experimental
> Psicología evolutiva
> Psicología diferencial
> Psicología comparada
> Psicología de la personalidad
> Psicología biológica
>
> (2) *Psicología aplicada:*
> Psicología social
> Psicología educativa
> Psicología laboral
> Psicología infantil
> Psicología clínica

Nota: Veamos algunas especialidades de estudio relacionadas con la Psicología aplicada y sus ramas principales.

Psicología clínica:
+ Psicofisiología
+ Psicopatología
+ Psicología de la salud
+ Psicoterapia

Psicología laboral:
+ Psicología organizacional
+ Psicología industrial
+ Psicología jurídica
+ Psicología de la publicidad

Psicología educativa:
+ Psicopedagogía
+ Psicología del aprendizaje
+ Psicometría en la educación
+ Psicología deportiva

Psicología infantil:
+ Psicología del desarrollo
+ Psicología del aprendizaje en la infancia
+ Psicopatología infantil
+ Psicoterapia de la infancia y adolescencia

Psicología social:
+ Psicología social comunitaria
+ Psicología de la comunicación
+ Psicología cultural
+ Psicología ambiental

PSICOTERAPIA

La Psicoterapia, es la aplicación de la Psicología clínica al tratamiento de los procesos mentales y de comportamiento por medio de una relación profesional, con la finalidad de que el paciente o cliente obtenga el resultado que busca en la consulta.

La etimología de la palabra **psicoterapia** viene del griego *psique*, mente o alma y *therapeia*, tratamiento; relacionada con el verbo *therapeuein*, cuidar, atender, aliviar, de donde deriva la palaba terapeuta.
Por lo que un psicoterapeuta, es quien se enfoca en atender, ayudar, orientar, aliviar a una persona para que recupere su bienestar integral, desde el punto de vista psicológico.

La historia de la Psicoterapia es semejante al de la Psicología en general, existen evidencias de tratamientos desde la antigüedad, en lo que se conoce como concepciones animistas, es decir que en los grupos tribales la idea de la vida estaba matizada por la presencia de algo intangible e inmaterial, el *ánima* del mundo, cuando esta energía se descompensaba, se producían las enfermedades tanto mentales como físicas, por lo que un especialista de la salud, el *chamán* o brujo de la tribu mediante algún exorcismo y tratamientos naturales, buscaba restablecer la armonía perdida.

Posteriormente en la Grecia antigua pensadores racionales crearon las bases de la Filosofía, y también de la Medicina como el sabio Hipócrates que es considerado el padre de la medicina tanto por los médicos alópatas, homeópatas y naturistas de occidente. Las enfermedades y trastornos mentales se trataban de explicar mediante razonamientos objetivos.

En la llamada Edad Media de Europa, las enfermedades se asociaban a la influencia de espíritus negativos o demonios, sobre todo los desequilibrios mentales; después en el Renacimiento (siglo XV), con el resurgimiento del pensamiento racional, se rescataron los textos clásicos, aquí hay que mencionar que mientras las naciones cristianas en la Edad Media pasaron por una época de ignorancia de las leyes naturales, las naciones árabes mantuvieron vivo los estudios objetivos y precientíficos.

Con la aparición de las ideas científicas desde el siglo XVI se comienzan a desarrollar estudios más precisos de la medicina y por ende de la comprensión de los trastornos psíquicos, pero es hasta finales del siglo XIX cuando varios pensadores europeos ponen las bases de lo que se conocería como la Psiquiatría, rama de la medicina enfocada a los problemas de salud de la mente con un trasfondo orgánico. Al mismo tiempo comienzan a utilizar tratamientos para ayudar a los enfermos mentales, naciendo así la Psicoterapia. En sus inicios estuvo muy vinculada con la Medicina psiquiátrica, y luego del largo proceso de la consolidación de la Psicología científica, se van separando gradualmente el enfoque orgánico del mental, así tenemos en la actualidad psicoterapia de tipo psiquiátrico y psicoterapia psicológica.

La Psicoterapia de tipo psicológico que forma parte de la Psicología clínica, es la que estudiaremos en este libro. Algunas investigaciones que sirvieron de base o inicio de la Psicoterapia actual son:

+ El estudio del magnetismo animal, derivado de las aportaciones de doctor Franz A. Mesmer (1734-1815). De donde derivaron los estudios posteriores de la Hipnosis médica.

+ Philippe Pinel (1745-1826), médico francés, dedicado al estudio y el tratamiento de las enfermedades mentales, considerado el fundador de la psiquiatría en Francia.

+ Los estudios sobre terapia sugestiva e hipnosis de Ambroise A. Liébeault (1823-1904) en Francia.

+ HippoliteMarie Bernheim(1837-1919),psiquiatra nacido en Alsacia, junto con Liébeault fundaron la Escuela psicológica de Nancy.

+ Las investigaciones de Jean Martin Charcot (1825-1893) sobre hipnotismo e histeria, en la escuela de la Salpêtrière, en Francia.

+ El laboratorio de Psicología experimental de Wilhelm Wundt (1832-1920), fisiólogo, psicólogo y filósofo alemán. Considerado el padre de la psicología científica.

+ William James (1842-1910), fue profesor de psicología en la Universidad de Harvard. Representó un influyente papel en la difusión del funcionalismo y el pragmatismo.

+ Prince Morton (1854-1929), psiquiatra y psico-terapeuta norteamericano, partidario de la hipnosis. Fue uno de los pioneros de la escuela bostoniana de psicoterapia.

+ Un pionero de la psicopatología, Boris Sidis (1867-1923), psicólogo, psiquiatra y médico. Su esposa Sarah Mandelbaum fue una de las primeras mujeres médico de la historia. Emigraron desde Rusia a los Estados Unidos.

+ Pierre Janet (1859-1947), psicólogo y neurólogo francés hizo grandes aportaciones sobre los desórdenes mentales, emocionales, como la ansiedad, las fobias y otros comportamientos anormales.

+ Josef Breuer (1842-1925), fue un fisiólogo y psicólogo austriaco, creador del método catártico para el tratamiento de las psico- patologías de la histeria.

+ La creación del psicoanálisis por Sigmund Freud (1856-1939), médico neurólogo austriaco, escritor e investigador de la mente humana y el inconsciente individual.

+ Émile Coué (1857-1926), fue un farmacéutico y psiquiatra francés. Autor del método curativo psicológico basado en la autosugestión.

+ El fundador de la psicología analítica o profunda, Carl G. Jung (1875-1961), médico psiquiatra suizo, investigador del inconsciente colectivo y los arquetipos.

+ Las aportaciones y el nacimiento del conductismo en psicología y psicoterapia por John B. Watson (1878-1958) psicólogo norteamericano

+ El psiquiatra y pensador italiano Roberto Assagioli (1888-1974), pionero de la psicología humanista y transpersonal, creador de la psicosíntesis.

+ Los estudios del médico neuropsiquiatra alemán Fritz Perls (1893-1970) fundador junto con su esposa Laura Posner (1905-1990), de la terapia Gestalt.

+ El médico psiquiatra y psicoanalista austriaco Wilhelm Reich (1897-1957), postulador de la teoría del orgón, pionero de la Psicología energética.

+ Las investigaciones de Milton H. Erikson (1901-1980), médico, psicólogo e hipnoterapeuta norteamericano, innovador y pionero en la utilización de técnicas de hipnosis en psicoterapia.

+ La terapia centrada en el cliente de Carl Rogers (1902-1987), iniciador de la psicología humanista en los Estados Unidos de Norteamérica.

+ Creador de la Logoterapia y el análisis existencial, Viktor Frankl (1905-1997), neurólogo, psiquiatra y pensador austriaco, sobreviviente de los campos de concentración nazis.

+ Uno de los principales fundadores de la psicología humanista y transpersonal, Abraham Maslow (1908-1970), psicólogo de los EEUU, investigador de las experiencias cumbres y la autorrealización humana.

+ Estudios de análisis bioenergéticos por Alexander Lowen (1910-2008), médico y psicoterapeuta norteamericano, representante de la Psicología energética.

Actualmente existen varios enfoques o líneas en la Psicoterapia, dependiendo de los modelos de pensamiento o paradigmas que el psicólogo profese, ya sea por su formación o por identificación con esas escuelas de psicología. Básicamente son tres grandes modelos de donde derivan los principales enfoques de psicoterapia:

Psicoanálisis que proviene de las investigaciones de Sigmund Freud (1896), sus discípulos y seguidores, aquí encontramos la terapia psicoanalítica clásica, como las líneas que derivaron de ésta, como la psicología individual de Alfred Adler, la psicología analítica de Carl G. Jung, la escuela francesa de Jacques Lacan, la escuela inglesa de Melanie Klein, el psicoanálisis interpersonal de Harry Stack Sullivan, incluyendo el Análisis Transaccional de Eric Berne, hasta llegar a las terapias psicoanalíticamente orientadas en la actualidad.

Conductismo de John B. Watson (1913) y B. Frederic Skinner, de donde derivan las terapias de aprendizaje cognoscitivas, mientras que en el conductismo clásico el enfoque era sobre la conducta observable solamente, los psicólogos cognitivos y del aprendizaje reconocieron además del comportamiento externo, los procesos mentales, ampliando con esto los descubrimientos de sus predecesores, entre algunas figuras que han destacado en este paradigma encontramos a Jean Piaget, Jerome Bruner, David Ausubel, Robert Gagné, Howard Gardner, Lev Vigotsky y Erick Erickson. A este paradigma se le conoce también como terapias de aprendizaje cognitivo conductual.

Humanista-existencial, aparece en la década de los 50-60 en los EEUU, conocida como la tercera fuerza, para diferenciarla de las dos anteriores, en este modelo, se dan cita grandes autores de la psicología, que tienen en común su interés sobre el ser humano, enfatizando el concepto filosófico, como Carl Rogers con su terapia centrada en el cliente, Abraham Maslow con el principio de autorrealización, en Europa aparecen los psicólogos existencialistas como Victor Frankl con la logoterapia y la psicología de la Gestalt. En Italia Roberto Assagioli presenta la psicosíntesis, que se considera dentro de la **Psicología transpersonal**, que se desarrolla de la psicología humanista y que algunos teóricos consideran como una cuarta fuerza en sí misma.

Estudiando la evolución de la psicoterapia podemos reconocer ciertas líneas de estudio que se hacen presente en los diferentes modelos de pensamiento de los investigadores y psicoterapeutas:

Enfoque fisiológico, tomar en cuenta la relación del desajuste orgánico en los procesos psicológicos, principalmente sistema nervioso y endocrino.

Enfoque energético, considerar el desequilibrio de la energía vital en los problemas de salud psíquica del individuo, utilizando diferentes terapias psicocorporales.

Enfoque emocional, enfatizar la desarmonía de las emociones y sentimientos de los pacientes, en el enfoque terapéutico, para el equilibrio cuerpo-mente.

Enfoque racional o cognitivo, donde se concentra la actividad terapéutica para cambiar los procesos mentales, y de esta forma influir en el comportamiento saludable.

Enfoque conductual, buscando que el individuo mejore su comportamiento observado, y de esta manera alcanzar un nivel de desarrollo humano más adecuado y funcional.

Enfoque familiar y social, tomando en cuenta el entorno ambiental donde vive el paciente, ayudándolo a entender estas interacciones para aprender a mejorar su bienestar completo psicosocial.

Enfoque humanista-existencial, para que el individuo le de sentido a su vida, sus relaciones y su propósito personal, y de esta manera poder funcionar mejor en todos los aspectos.

Enfoque transpersonal, buscar en su interior la guía y sustento del porqué de su situación actual, y al reconectarse con su yo profundo, poder cumplir su misión en la vida.

Los primeros cuatro enfoques: Fisiológico, energético, emocional y cognitivo se concentran más en el individuo en sí mismo. Los otros cuatro enfoques: Conductual, familiar, existencial y transpersonal, se centran más en lo que envuelve a la persona en sí.

En cuanto a la manera de hacer psicoterapia podemos obsevar varias direcciones:

Terapias psicocorporales o bioenergéticas, donde se puede tocar al paciente para provocar cambios en su energía psicofísica, o bien trabajar con la imaginación para que el propio paciente active su energía. Se pueden complementar con: Ejercicios corporales como el yoga, el taichí, artes marciales, gimnasias suaves, ejercicios respiratorios, caminata consciente, hidroterapia, cura atmosférica, alimentación adecuada, ayunos terapéuticos, naturismo, reflexología, curación con energías, reiki, masajes psicoenergéticos, fitoterapia, flores de bach, acupuntura, digitopuntura, cromoterapia, biomagnetismo.

Terapias de comportamiento o de autorrealización, donde lo que se busca es lograr cambios observables en la persona en su vida personal, familiar y social, mejorando el funcionamiento de la persona en el aquí y el ahora. Como en el diálogo terapéutico, análisis conductual, comunicación efectiva, desarrollo social y familiar, motivación, metas, organización del tiempo, coaching, asesoría psicológica, orientación vocacional, consejería, toma de conciencia, superación personal, cambio de hábitos, desarrollo de habili- dades sociales, aprendizaje, liderazgo, psicodrama.

Terapias sugestivas o de reprogramación mental, induciendo un estado de relajamiento para poder influir en el paciente con ideas y programaciones mentales de tipo sutil. Como el uso de la hipnosis, relajamiento consciente, ensoñaciones, imaginación creativa, psicoanálisis, interpretación de los sueños, asociación libre de ideas, programación neurolingüística, control mental, meditación dirigida, atención plena *mindfulness*, concentración, afirmaciones positivas, regresiones, vidas pasadas, desarrollo psíquico, contacto transpersonal, inspiraciones, misticismo.

En las **terapias psicocorporales** el énfasis es en el vehículo de expresión del ser, su cuerpo físico-energético, pero con un enfoque psicológico que abarca el triple aspecto de la mente de la personalidad: afectividad, intelecto y volición. Por lo que pudiéramos decir que es trabajar con la expresión del yo, en sus cinco aspectos de manifestación: cuerpo, energía, emociones, pensamientos y voluntad.

Voluntad
Pensamientos
Emociones
Energía
Cuerpo

"Las terapias naturales forman parte de una autodisciplina libremente consentida, que cada uno de acuerdo con sus necesidades personales determina. Estas prácticas naturistas no suplen de ninguna manera los tratamientos de la medicina o la psicoterapia cuando son necesarios, por tener una enfermedad o sufrir un accidente que ha perturbado la armonía psicofísica del individuo. Pero pueden ser elementos de ayuda en la recuperación del bienestar integral del practicante. El conocimiento y la comprensión de los principios de la naturaleza nos ayudan a manejar de una manera óptima las terapias naturistas para obtener mejores y más rápidos resultados".
(Rolando Leal Martínez: *El sendero de la paz y la armonía integral. Principios naturistas*).

En las **terapias de comportamiento** nos centramos en el yo humano o personalidad externa, con su expresión hacia el mundo físico, lo sociocultural, incluyendo las relaciones interpersonales, y las actividades que se realizan, estudio, trabajo, devoción, recreación, arte, cultura, política, economía, ética, filantropía, comunicación y ecología.

Mis ideas
Mis actividades
Mis relaciones
Mis posesiones

En las ideas tenemos los conocimientos, las creencias, los sentimientos, la filosofía de la vida y la actitud que tenemos acerca de lo que somos y lo que es la vida en general.

En las actividades se encuentran todo aquello que hacemos: estudios, trabajo, deportes, música, diversiones, el empleo de nuestro tiempo al vivir.

En las relaciones incluimos la familia, la pareja, los padres, hermanos, amistades, conocidos, todas las personas con las cuales convivimos o hemos tenido relaciones con ellos, también nuestra relación con mascotas.

Y en las posesiones es lo que tenemos o hemos tenido, las cosas que hemos recibido de nuestra familia, y lo que hemos conseguido por nosotros mismos con nuestro trabajo o acciones.

"El conocimiento de nosotros mismos debe de conducirnos a un mejoramiento constante, si no se produce entonces significa que lo que estamos aprendiendo no nos está sirviendo completamente. Nadie puede hacer lo que a nosotros nos corresponde, cada uno es responsable de su vida, día a día estamos decidiendo nuestro destino, aún cuando lo hagamos inconsciente e involuntaria- mente. No somos seres conscientes ni racionales cien por ciento, es por eso que no nos percatamos que lo que nos pasa es una consecuencia de nuestros actos y pensamientos anteriores.

Si queremos lograr una plena transformación necesitamos trabajar con plena conciencia y dedicación, y sin lugar a duda podremos alcanzar las metas que nos hemos propuesto".
(Rolando Leal Martínez: *El sendero de la paz y la armonía interior*. Autotransformación).

En las **terapias de reprogramación mental** o sugestivas, nos concentramos en los aspectos profundos de nuestra mente y nuestro ser, primeramente, lo que se conoce como el subconsciente, aquella parte de la mente, que nos impulsa a actuar y ser de cierta manera, muchas veces como no queremos, por fijaciones, engramas o traumas del pasado. Pero también podemos incluir la parte subjetiva, psíquica o profunda de la mente, y por medio de ésta alcanzar el nivel transpersonal de nuestro yo integral.

Mente superior
Mente psíquica
Mente subconsciente

Estos tres aspectos mentales, se expresan y manifiestan en la mente consciente del yo o de la personalidad humana. La mente que llamamos subconsciente tiene una íntima relación con la expresión bioenergética, se relaciona con la mente orgánica o instintiva.

"La mente subconsciente tiene a su vez dos niveles, el llamado preconsciente, aquello que es mas fácil recordar o traer al nivel de la mente consciente externa. Y el nivel inconsciente donde se alojan los recuerdos más profundos".
(Rolando Leal Martínez: *La mente interna*).

La mente psíquica, mente interna o subjetiva no se ha estudiado lo suficiente en la psicología actual, pero hay estudios muy interesantes en las investigaciones parapsicológicas o meta-psíquicas, donde al estudiar fenómenos que van más allá de lo conocido, se pudieron descubrir estos aspectos de la mente humana (recomiendo mis libros: *La mente interna* y *Estudios profundos*).

"Lo que llamamos mente interna es una parte de la mente humana, la cual no es el cerebro ni un producto del funcionamiento cerebral, la mente es parte del vehículo de expresión de los seres o de la conciencia en manifestación".
(Rolando Leal Martínez: *La mente interna*).

Sobre la mente superior o supraconciencia se comenzó a estudiar científicamente, gracias a la psicología transpersonal, sin embargo, desde la antigüedad podemos encontrar investigaciones y postulados relacionados con este nivel de la conciencia humana, en el esoterismo, el misticismo y la metafísica podemos vislumbrar la realidad de este principio de los seres humanos.

"De la mente superior recibimos impresiones, inspiraciones y mensajes que nos ayudan a vivir mejor. Todos hemos tenido alguna vez una corazonada, un chispazo de intuición que nos avisa de algo especial, o bien recibimos ideas que nos aclaran un asunto problemático, por eso es muy importante estar consciente de nosotros mismos, observándonos siempre, de esta manera podemos prepararnos para la autoconciencia, que es la base de un desarrollo superior. La auto observación es la clave de todo trabajo de superación personal".
(Rolando Leal Martínez: *El sendero de la paz y la armonía interior*. Inspiraciones).

PSICOTERAPIA INTEGRAL

Después de la aparición de los modelos o paradigmas citados en el capítulo anterior: terapias psicoanalíticas, de aprendizaje cognitivo conductuales y humanistas existenciales, algunos psicólogos clínicos tratando de cubrir mejor las necesidades de los pacientes o clientes, llegaron a un enfoque más ecléctico de aplicación de la psicoterapia.

Así fueron apareciendo investigadores que, en lugar de enfocarse en un solo modelo psicológico, propugnaron por un concepto más holístico de la psicoterapia, con la finalidad de poder ayudar mejor a las personas que acudían a sus consultorios.

Entre estos enfoques podemos mencionar los siguientes:

Modelo sistémico, el cual se basa en considerar a la persona como un sistema dentro de otro sistema mayor, como puede ser la familia, grupos de relaciones interpersonales, escolares, labores, organizacionales y la sociedad en general. De alguna forma este paradigma rescata ideas de la psicología social y las enfoca en el buen funcionamiento del individuo dentro de los grupos donde se desarrolla. El psicólogo austriaco Paul Watzlawick (1921-2007) distinguió la causalidad lineal de la circular, esta concepción circular, interactiva, se va a aplicar en la terapia sistémica en psicología.

Modelo multimodal, derivado de las ideas cognitivo-conductuales, fue propuesto por el psicólogo sudafricano Arnold Allan Lazarus (1932-2013), para integrar diversos aspectos de la persona y poder ayudar mejor a su proceso terapéutico, incluye las siguientes áreas: Biológico, afectivo, sensorial, imaginación, cognición, conducta y relaciones sociales. El eclecticismo que se maneja en este modelo es técnico, es decir, se pueden emplear técnicas de cualquier sistema, sin la necesidad de integrar las teorías de los modelos psicológicos.

Modelo integrativo, en el cual se busca ayudar al individuo a lograr la integración de los diferentes aspectos de su ser total, desde los niveles conscientes como inconscientes, incluyendo lo fisiológico, lo conductual, lo emocional, lo cognitivo, lo social y lo transpersonal. Puede tomar en cuenta los diferentes esquemas terapéuticos y tomar de ellos lo que considere más apropiado para ayudar al paciente o cliente para obtener los mejores resultados.

Modelo holístico, *"el todo es mayor que la suma de sus partes"*, es una de la ideas centrales de este esquema mental, en psicoterapia se trata de ayudar al paciente o cliente a reconocer su propia identidad, y a ver sus problemas o dificultades como oportunidades de crecimiento y desarrollo, se pueden utilizar diversas técnicas, que faciliten al terapeuta la labor de ayudar y orientar al consultante, para que logre salir adelante de la situación que lo llevó a buscar ayuda profesional, se pueden incluir métodos derivados de la psicología o de otras disciplinas, tanto orientales como occidentales.

Como hemos visto, la Psicología en general y la Psicoterapia como enfoque de la Psicología clínica, poco a poco se van acercando a una visión más completa del ser humano, y esto se ve reflejado en los conceptos y las ideas que sirven de pauta para la comprensión de quienes somos como individuos y como humanidad.
Estas ideas que se manifiestan en palabras como sistémico, total, multimodal, integrativo, de síntesis, holístico, completo y ecléctico, nos han llevado en nuestras propias investigaciones a la misma concepción que muchos pensadores en Psicología están proponiendo como un nuevo enfoque integral de la Psicoterapia.

En este modelo integral de la Psicología y la Psicoterapia se incluyen por un lado la naturaleza y por otro lado lo social y cultural creado por los mismos seres humanos. Ya que cada uno de nosotros está conectado con estos dos ámbitos que se complementan mutuamente: lo social y lo natural. En cuanto al individuo tenemos el cuerpo físico y la mente como nuestros dos instrumentos de expresión. Siendo el yo humano, quien utilizando su mente y su cuerpo se conecta con los dos aspectos anteriores, por medio del cuerpo material forma parte de lo biológico y natural. Y por medio de la mente se asocia con lo sociocultural.

Yo humano:
Cuerpo físico - la Naturaleza
Mente personal - lo Sociocultural

El yo humano, a su vez se subdivide en la personalidad y el yo superior.
Estos conocimientos son inspirados en las investigaciones científicas de la Psicología Transpersonal, la personalidad humana se puede a su vez, estudiar en dos aspectos, que llamamos Ser externo u objetivo y Ser interno o subjetivo. Y la Esencia transpersonal también la subdividimos en dos niveles, el Yo transpersonal o Alma individual, y la Esencia de la vida o Espíritu primordial. Tenemos entonces el siguiente esquema del yo humano:

Yo superior: Espíritu o esencia vital
              Alma o yo transpersonal
Personalidad: Ser interno subjetivo
              Ser externo objetivo

Estos son los cuatro aspectos del yo humano, además de su unidad mente-cuerpo. En investigaciones que he podido realizar al paso del tiempo, he descubierto al igual que muchos estudiosos antes que un servidor, que el Alma o Yo transpersonal tiene también cuerpo-mente, al igual que el Ser interno y el Ser externo. Revisemos las siguientes ideas:

Alma o Yo transpersonal, su vehículo de manifestación en su propio plano de conciencia y expresión se le conoce como cuerpo causal, utilizando la mente superior, o supraconciencia.

El Ser interno, utiliza y se manifiesta por medio del cuerpo sutil y la mente psíquica, creando la conciencia del Ser externo al encarnar en el cuerpo denso o material.

Cuerpo físico, con su propia mente orgánica o instintiva.

Revisemos el siguiente esquema comparativo:

PERSONALIDAD:
Cuerpo físico
Plano material
Mente objetiva
Yo personal
Conciencia exterior

YO INTERIOR:
Cuerpo sutil
Plano psíquico
Mente subjetiva
Yo reencarnante
Conciencia interior

ALMA:
Cuerpo causal
Plano cósmico
Mente superior
Yo transpersonal
Conciencia crística

ESPÍRITU:
Cuerpo de luz
Plano absoluto
Mente divina
Yo esencial
Conciencia *átmica*

La conciencia que tenemos por ahora los seres humanos es la del Ser externo o personalidad humana propiamente, la cual es un reflejo o expresión de un Ser interno que ha encarnado en un cuerpo físico para tener experiencias en la materia, en el plano físico denso.

La Psicología tradicional se ha enfocado en la personalidad humana, pero solo en la parte objetiva o externa, todavía no se ha reconocido plenamente este otro nivel profundo del yo humano, que nosotros llamamos en nuestros estudios psicológicos el Ser interno o el yo psíquico. Estos conocimientos no son nuevos, desde tiempos inmemoriales, se han dado a la humanidad, y los podemos encontrar en las filosofías antiguas, o en las tradiciones y los libros llamados sagrados por las diferentes religiones del mundo, en donde se mencionan estas ideas muchas veces de forma simbólica o metafórica.

La *Psicología Transpersonal* (1) derivada del modelo humanista-existencial, es la que se ha acercado un poco más al reconocimiento de estos principios. Al igual que algunos enfoques de la Psicología Integral, dependiendo de los estudiosos, si han podido ampliar sus investigaciones hacia lo filosófico, místico, metafísico o esotérico.

(1) "Corresponde a las últimas tendencias de las teorías psicológicas, como una evolución del modelo humanista. En este esquema se enfatiza un aspecto no estudiado en todas las teorías anteriores, aquello que está más allá de la personalidad, que se menciona como el sí real o el yo verdadero.
Desde un punto de vista científico la teoría transpersonal se acerca a las ideas filosóficas de los antiguos acerca de la constitución del ser humano. Sobre todo, al reconocimiento de que no somos una personalidad que al morir el cuerpo desaparece también, sino que hay algo más allá de lo personal, lo que hemos llamado el alma o ser interno, que es un nivel de conciencia superior de nosotros mismos. La personalidad entonces queda definida como la expresión temporal del yo real que somos en esencia, pero que no conocemos en plenitud, de ahí que en la antigüedad se dijera: *"Conócete a ti mismo y conocerás la esencia de todas las cosas y la esencia de Dios"*.
La psicoterapia transpersonal busca extraer del interior del sujeto, la fuerza, la luz y el amor divino que moran dentro de nosotros, para que pueda con esta ayuda resolver su situación problemática y sobre todo para que alcance la comunión con su verdadero ser".
(Rolando Leal Martínez: *El sendero de la paz y la armonía interior.* Psicología y psicoterapia).

CUERPO-ENERGÍA-MENTE

Dentro de la concepción de Psicoterapia integral, que abarca, por una parte, lo biológico, ecológico y natural, y por otra parte lo sociocultural. Nos centramos además en la concepción del ser humano como entidad autoconsciente en varios niveles de expresión, algunos de ellos no conscientes para la personalidad humana.

Vemos entonces al ser humano formado de un cuerpo denso, un organismo que ha sido estudiado desde la antigüedad, la biología, la anatomía, la fisiología, la medicina, son algunas de las áreas de estudio e investigación que nos han aportado conocimientos del funcionamiento de nuestro cuerpo material.

Podemos dividir el cuerpo humano en tres grandes niveles:

El nivel profundo u óseo (el esqueleto).
El nivel medio o muscular.
El nivel superficial o tegumentario (la piel).

Y en siete zonas:

1.-Piernas y pelvis.
Purificación y movimiento.
2.-Bajo vientre y caderas.
Generación y vitalización.
3.-Abdomen y espalda baja.
Asimilación y captación.
4.-Tórax: pecho y espalda.
Distribución y afectividad.
5.-Cuello, hombros y brazos.
Expresión y creatividad.
6.-Rostro y cabeza.
Regulación e inteligencia.
7.-Cúspide de la cabeza.
Dirección y control.

Cada una de estas zonas mencionadas se relaciona con los principales aparatos y sistemas del organismo:

Zona 1 Aparato urinario-excretor.
Zona 2 Aparato genital.
Zona 3 Aparato digestivo.
Zona 4 Aparato circulatorio.
Zona 5 Aparato respiratorio.
Zona 6 Aparato endocrino.
Zona 7 Sistema nervioso.

En la medicina occidental existe también un enfoque llamado psicosomático, es decir, la relación entre lo mental y lo físico, existen evidencias de este enfoque desde tiempos remotos, no obstante, con la especialización de la medicina, no siempre se le ha considerado de esta manera.

En las investigaciones entre la relación de lo material y lo mental, encontramos a muchos pensadores interesados en establecer teorías coherentes, que puedan explicar el cómo se dan estas interacciones en los individuos, y esto lo encontramos tanto en el campo médico como en el psicológico.

En la Homeopatía, medicina alternativa creada por el médico alemán Samuel Hahnemann (1755-1843), muchas de las substancias que se utilizan tienen un efecto positivo en problemas de tipo emocional y psicológico. De hecho, hay una especialidad llamada Psicohomeopatía, que se concentra en los trastornos emocionales con manifestación orgánica.

Derivado de la homeopatía el Dr. Edward Bach (1886-1936) de Inglaterra, investigó y descubrió varias substancias curativas derivadas de las flores, por eso a su sistema se le conoce como: Las flores de Bach, una de sus ideas es poder aliviar la causa de las enfermedades, que serían los desajustes emocionales básicos, lo cual lleva a las personas a enfermarse. Se puede decir que este enfoque terapéutico puede ser un auxiliar de la psicoterapia integral, ya que permite que el paciente reciba una ayuda psicofísica, entre sesión y sesión mientras va procesando lo que en cada consulta va trabajando de mano de su terapeuta.

Por otra parte, la Medicina China se enfocó en la energía que anima la forma o materia, creando un sistema terapéutico basado en descubrimientos ancestrales, donde se han podido establecer canales de energías o meridianos por donde transita este fluido vital, y la ubicación precisa de puntos de entrada y salida de la energía, conocidos como los puntos de Acupuntura y Digitopuntura.

Según este ancestral sistema terapéutico existe además una correspondencia entre los meridianos y puntos de acupuntura, con las diferentes funciones orgánicas y psicológicas.

Sin embargo, no fue sino hasta la aparición de la acupuntura electrónica, cuando se le dio un poco más de validez en occidente a esta medicina ancestral. Como en la electroacupuntura del médico alemán Reinhold Voll (1909-1989) o en el sistema Ryodoraku del Dr. Japonés Yoshio Nakatani (1940).

Esto es interesante para el estudio de la Psicoterapia Integral, ya que permite correlacionar lo físico orgánico con lo energético y lo mental. Tenemos entonces el cuerpo físico humano integrado por lo fisiológico y lo energético.

También en la India en la Medicina *Ayurvédica*, encontramos esta correspondencia entre la expresión física-orgánica, lo energético y lo psicológico.

Y en las tradiciones del *Yoga* clásico, se habla de siete centros de energía fundamentales tanto para la salud física, como psicológica, estos centros se les conoce como *Chakras*, que significa *rueda que gira*, porque se les podía percibir a nivel psíquico como vórtices de entrada y salida de energía.

Así podemos correlacionar las siete zonas del cuerpo físico mencionadas anteriormente con los siete chakras de la tradición del Yoga.
Zona 1 *Chakra Muladhara* o centro básico o raíz.
Zona 2 *Chakra svadhisthana* o centro de la mansión del soplo vital.
Zona 3 *Chakra manipura* o centro de la ciudad de la joya.
Zona 4 *Chakra anahata* o centro del sonido espontáneo.
Zona 5 *Chakra vishuddha* o centro de la extrema pureza.
Zona 6 *Chakra ajna* o centro de mando.
Zona 7 *Chakra sahasrara* o centro coronario.

Podemos mencionar las siguientes relaciones entre los siete centros y el desarrollo humano [1].

Primer Centro: Relación con el organismo, lo fisiológico (sensaciones físicas). La identidad del yo. Relación con el trabajo, la actividad, la productividad, lo económico.

Segundo Centro: Relación con la conducta (acciones y energía vital). Fuerza energética, lo sexual, atracción entre individuos, relaciones interpersonales, la vitalidad, motivación, entusiasmo.

Tercer Centro: Relación con las emociones (vibración y sentimiento). Inteligencia emocional, la familia, los grupos humanos, el instinto gregario, la sensibilidad, el desarrollo artístico, la cultura, la sensopercepción,

Cuarto Centro: Relación con la afectividad (amor e intuición). Sentimientos profundos, el altruismo, servicio consciente, contacto con la Naturaleza y lo místico, la introspección.

Quinto Centro: Relación con la voluntad (fortaleza y decisiones). La creatividad, la comunicación, la expresión verbal, la autoidentificación consciente, la disciplina y el control personal.

Sexto Centro: Relación con el intelecto (pensamiento y autoconciencia). Concentración, atención dirigida, logro de metas, desarrollo cognitivo, conocimiento y memoria, sabiduría.

Séptimo Centro: Relación con la espiritualidad (síntesis y universalidad). Lo holístico en el ser, capacidad de integración, unificación consciente, el despertar, la contemplación, lo transpersonal de la conciencia.

En otro contexto varios investigadores tratando de ayudar a sus pacientes van descubriendo la relación entre lo orgánico y lo mental, por medio de manipulaciones corporales como el masaje, o bien por medio de cierto contacto físico, existe en este campo una gran variedad de métodos y técnicas cuya finalidad es mejorar la salud del individuo.
Por ejemplo, las ideas de Wilhem Reich y Alexander Lowen sobre la Psicoterapia corporal, en este modelo el énfasis de los terapeutas no es en el comportamiento observable, o en los

contenidos mentales, sino en las sensaciones experimentadas a nivel orgánico.

Dentro de esta línea de pensamiento nos encontramos en la actualidad con el enfoque de la Psicología energética, que básicamente trata de integrar diversos conocimientos y métodos, con la finalidad de ayudar a recuperar la salud integral, o a mantener su equilibrio psicológico. Se pueden incluir conceptos de la acupuntura, del *ayurveda*, del *yoga*, de las neurociencias, de los descubrimientos de las psicoterapias corporales, la meditación y la hipnosis.

(1) **El primer centro** en la base de la columna vertebral, se estimula por la actividad, todo tipo de prácticas deportivas y atléticas, el ejercicio físico en general, el movimiento y todo lo relacionado con el trabajo y la subsistencia; cuando asumimos una sana disciplina y cuando nuestro trabajo diario lo realizamos como una misión, entonces este centro se desarrolla de manera más positiva y benéfica.

El segundo centro situado en el bajo vientre vibra fácilmente por los pensamientos, emociones o sensaciones de tipo sensual y sexual, además de las relaciones interpersonales, se activa positivamente cuando aprendemos a controlar y encauzar la energía sexual de manera constructiva.

El tercer centro, ubicado en el abdomen o plexo solar, se activa por emociones y sentimientos positivos o negativos, además del impacto vibratorio en relación con lugares y personas, también todo tipo de relaciones grupales. Prácticas de relajamiento consciente ayudan a elevar la vibración energética de este centro, así como el sintonizarse con el valor de la paz profunda o paz interior.

El cuarto centro en el pecho es estimulado por los sentimientos afectivos, principalmente de amor y compasión y el desarrollo de la espiritualidad, entre otras influencias. Prácticas de visualización en este centro, lo activan positivamente y se despierta el amor místico y transpersonal.

El quinto centro en la garganta recibe estímulos mediante pensamientos, sentimientos y acciones de tipo creativo e inspiraciones de tipo auditivo, además de la activación de la fuerza de voluntad. Aprender a escuchar y una buena comunicación ayudan al despertamiento sutil de este centro de conciencia

El sexto centro ubicado en la frente se activa principalmente mediante la concentración y el desarrollo intelectual, además de captaciones y percepciones extrasensoriales de tipo visual. La meditación enfocada en este centro lo activa al grado de abrirse lo que se conoce esotéricamente como el tercer ojo.

El séptimo centro en la cúspide de la cabeza vibra con la espiritualidad y el anhelo de autorrealización o superación personal, la búsqueda de lo divino sin fanatismo, con plena libertad de pensamiento, será la tónica fundamental para la iluminación de este *chakra* tan especial y único.
(Rolando Leal Martínez: *El sendero de la paz y la armonia interior*. Energía vital)".

LOS ASPECTOS SUPERIORES

Mientras que el Yo humano se ve manifestado en los tres aspectos visibles que hemos mencionado en el capítulo anterior: Mente-energía-cuerpo. Los cuales han sido estudiados profundamente a través de los tiempos, dando nacimiento a esquemas médicos y terapéuticos diversos, dependiendo si el énfasis es en lo orgánico, lo energético o lo mental.

Hay otros tres aspectos menos visibles del ser humano, que podríamos llamar el ser interno, el alma y la esencia vital. Estos tres niveles de la conciencia del ser se han mantenido fuera de foco, ya que su expresión se da en niveles de bienestar y superación personal.

Así tendríamos el siguiente esquema:

Espíritu (esencia)
Alma (Yo transpersonal)
Ser interno (yo psíquico)

El yo personal (conciencia)

La mente humana
La energía psicofísica
El cuerpo denso.

Mientras que los tres aspectos inferiores al Yo son sus instrumentos de manifestación en el plano físico-material. La conciencia del Yo personal es el instrumento de expresión de los tres aspectos superiores del ser.

Y ¿qué es el yo?, esta es la gran pregunta de todos los tiempos, grandes investigadores han tratado de responder esta cuestión, y de las diferentes respuestas se han formado esquemas de pensamiento específicos. Básicamente tenemos primero dos grandes concepciones de la vida:

La teoría materialista. Sólo existe la materia, por lo que lo que llamamos mente humana es un producto del mismo cerebro, ya que no puede existir nada aparte de lo físico-denso. Entonces el yo sería solamente un agregado de conceptos y recuerdos, por lo que al morir el cuerpo ese yo desaparecería completamente.

La teoría espiritualista. Además de la materia existe el espíritu, algo intangible que se expresa por medio de la materia, en el caso del ser humano, entonces el yo sería el alma que se manifiesta en su cuerpo-mente, por un tiempo y luego al morir el cuerpo seguiría viviendo en otra dimensión o estado de conciencia.

La teoría espiritualista tiene dos aspectos:
1.-El yo o alma humana vive en la Tierra una sola vez, y dependiendo de sus acciones y resultados, vivirá en la eternidad en diferentes niveles de expresión espiritual: Infierno,

purgatorio y cielo. Corresponde a la teoría religiosa occidental de una sola vida material y después la eternidad espiritual. Aspecto exotérico de la religión y la filosofía.

2.-El yo humano reencarna muchas veces en diferentes cuerpos materiales y épocas para vivir experiencias en el plano material, para luego retornar a diferentes niveles de conciencia y manifestación en múltiples planos dimensionales. Esta es la idea de la teoría esotérica de la reencarnación, para ir evolucionando vida tras vida para alcanzar la perfección de este nivel humano. Aspecto esotérico y místico de la religión y de la filosofía

Estas tres teorías sobre el yo y la vida se complementan entre sí, y es lo que tratamos de hacer en la Psicología integral, no se rechaza ningún principio, sino se trata de acomodar cada uno de ellos, sacando lo mejor de cada enfoque de pensamiento.

La teoría materialista que influyó mucho en las concepciones empiristas de la Filosofía sirvió de base para el surgimiento del conocimiento científico, gracias a este enfoque, se pudo concentrar la atención de los investigadores de las diferentes ramas del saber, hacia la materia, lo tangible, lo que podemos ver y comprobar con una experimentación adecuada y segura. Pero es limitada, ya que no permite encontrar respuestas a los fenómenos que están más allá de lo visible y concreto.

La teoría religiosa representada por el aspecto exotérico de las religiones monoteístas: Judaísmo, Cristianismo y el Islam. Ayudó a consolidar la importancia de la vida material, como expresión del espíritu universal, pero sin descuidar el desarrollo de la humanidad, y el que cada individuo se pudiera enfocar en el aquí y el ahora, aunque fuera una vida limitada en el tiempo y el espacio. Sin pensar demasiado en lo que vendrá después. Vive el ahora fue la enseñanza de esta concepción, y deja el mundo mejor de cómo lo recibiste.

La teoría esotérica y mística que existe desde la antigüedad, y que podemos encontrar en las religiones y filosofías orientales, así como en el aspecto oculto y metafísico de las religiones monoteístas ya mencionadas, nos permite ir más allá de lo visible y tangible, alcanzar otros estados de conciencia superiores, de tal manera de poder tener respuestas a los enigmas de la vida, y facilitar el proceso de autorrealización y servicio consciente a la humanidad y al planeta.

"Dentro de los grupos esotéricos basados en el amor divino y en el servicio a sus semejantes encontramos siempre los mismos principios básicos:
El amor a Dios, la búsqueda del saber o de la verdad y el servicio desinteresado a la humanidad; todo esto centrado en el ideal de la auto- iluminación y el cumplimiento de la misión en la vida. Esta auto-iluminación significa que el aspirante a la luz reconoce que dentro de él mismo debe encontrar la presencia divina, su deber es despertar su conciencia dormida para darse cuenta de la Realidad; para lograr esto es necesario seguir un camino, un proceso de crecimiento interno mediante una serie de disciplinas que

lo conducirán tarde o temprano al templo de la iluminación, el cual se encuentra dentro de su propio corazón espiritual".
(Rolando Leal Martínez: *Herencia del pasado. Los grupos esotéricos*).

El yo humano o personalidad externa es la expresión de un ser espiritual en evolución permanente, el cual se designa como el yo reencarnante que ha formado una personalidad exterior para poder vivir experiencias en el plano material, este yo psíquico tiene un cuerpo sutil y una mente propia. Y al encarnar en un cuerpo físico, va formando con las experiencias vividas una nueva personalidad humana, este yo interior ya posee algunas características propias de otras vidas, las cuales trata de manifestar por medio de su nueva expresión personal.

La palabra *personalidad* viene etimológicamente del griego y significa *máscara*, así le llamaban a la careta que usaban los actores para representar su papel en las obras de teatro en Grecia. Esto significa que la personalidad humana no es el actor o el ser en sí, sino la apariencia del actor ante el escenario de la vida. Por medio de la personalidad humana podemos descubrir al yo interior, el ser que se está manifestando en la persona.

Este yo interior, subjetivo o psíquico, es el verdadero ser que se está expresando por medio de la personalidad formada, la cual tal y cómo se ha estudiado en la psicología tradicional, refleja y manifiesta los rasgos ocultos de su ser real en esta dimensión.

También le podemos llamar al ser psíquico, la personalidad interior, ¿cómo podemos comprobar estas ideas? Lo podemos hacer por medio de experiencias e investigaciones que se han hecho al paso del tiempo, por ejemplo, muchísimas personas recuerdan sus sueños, pero no todos los sueños son de tipo cotidiano, es decir, aquellos sueños que se relacionan con las vivencias del diario vivir, (este tipo de sueños se han estudiado en algunas escuelas de psicología como el psicoanálisis y la psicología gestalt, entre otras).

Existen otros sueños que pueden comprobarse que van más allá de lo cotidiano y simbólico, estos tipos de sueños muy reales, pueden ser experiencias en otra dimensión, en el campo psíquico o sutil, lo que se conoce como viajes astrales o desdoblamiento consciente, en este otro nivel de conciencia, las personas siguen pensando, sintiendo y dándose cuenta de todo lo que están viviendo, algunas experiencias se relacionan con el mundo físico, y otras con el plano psíquico o astral.

También se puede demostrar con las vivencias de aquellos individuos que murieron clínicamente, y que se pudieron sentir fuera del cuerpo material, dándose cuenta de que estaban separados de su cuerpo físico, pero seguían teniendo un cuerpo etérico o sutil, siendo conscientes de sí mismos y de su entorno inmediato.

Individuos que practican la meditación pueden llegar a vivir experiencias de proyección de conciencia o visión remota, de tal manera de poder obtener conocimientos de manera directa, sin intermedio de un proceso racional o de estudio. La persona se siente fuera del cuerpo material, consciente de lo que está buscando y encontrando.

Todos los estudios de facultades psíquicas o extrasensoriales, sensibilidad especial, médiumnidad y fenómenos paranormales, nos hablan de este otro nivel de conciencia de la humanidad terrestre. Probablemente con el correr del tiempo, estas facultades que hoy todavía se ven como extraordinarias, se tendrán como parte de la herencia de los seres humanos. Así como ahora muchas capacidades que solamente tenían ciertos individuos privilegiados, en el pasado, ya las poseen la mayoría de las personas como algo normal y natural.

"El ser humano encarnado funciona casi simultáneamente en dos niveles de conciencia, la dimensión física por medio de la personalidad formada, y su mente externa-objetiva, y su ser psíquico con su mente interna. Al dormir nos trasladamos del nivel objetivo al nivel psíquico, pasando primero por el nivel subjetivo, el cual sirve de enlace entre la objetividad, es decir la identificación con el mundo exterior tangible, y lo psíquico interior, el enfoque al plano psíquico en alguno de sus subplanos o niveles".
(Rolando Leal Martínez: *Estudios profundos*. Conexión psíquica).

En cuanto al estudio del alma o yo transpersonal, se comenzó a estudiar en la psicología a partir del enfoque transpersonal, el cual surge de la psicología humanista-existencial, como un proceso natural de desarrollo, ya que los pioneros en estos estudios se dieron cuenta que había otros aspectos y niveles de conciencia del ser humano, que no se estaban estudiando en la psicología tradicional, ni siquiera en el enfoque humanista, y de ahí comenzaron a desarrollar lo que se ha conocido como lo transpersonal, que significa, más allá de la personalidad. De esta forma se comenzó a rescatar la relación de la psicología con la filosofía, de donde había surgido en sus inicios, es como retornar a la raíz, sin olvidar lo aprendido en el camino, como es la relación de la psicología con lo fisiológico, lo energético, lo mental y lo psíquico, además de lo ecológico-natural y lo sociocultural.

¿Qué es el ser transpersonal? Es el alma o yo superior, que se expresa por medio del yo reencarnante, es un ser en proceso de evolución, que por medio de sus manifestaciones en el plano material va despertando su conciencia, y unificándose con la vida espiritual o divina en su interior. El alma a su vez está animada por la presencia divina o espíritu supremo, que es la fuente de la vida universal.

Según algunos investigadores el término transpersonal fue utilizado por primera vez por

William James (1842-1910), el padre de la psicología norteamericana, en una serie de lecturas que luego se publicaron como un libro: *The varieties of religious experiences*, donde enfocaba el estudio de las experiencias religiosas desde un ángulo psicológico, utilizando el término transpersonal.

También son considerados como pioneros en este enfoque Richard M. Bucke (1837-1902), Carl G. Jung (1875-1961) y Roberto Assagioli (1888-1974). Este enfoque nace con las investigaciones y aportaciones de Abraham Maslow (1908-1970), Anthony Sutich (1907-1976), Stanislav Grof (a quien se le atribuye el uso actual del término transpersonal), y otros, alrededor de 1960.

En cuanto al espíritu o nivel más elevado del ser, sólo podemos mencionar que corresponde a la presencia divina dentro del alma, es la parte inmortal de todo ser, la esencia espiritual que nos anima y de la cual somos un reflejo en la Tierra, es aquello de donde venimos, somos y tenemos nuestro ser real, es la chispa divina que en el más alto aspecto somos nosotros mismos. Y algún día recuperaremos nuestra conciencia divina, cuando primero nos unifiquemos con nuestro ser transpersonal y posteriormente con el *Atman*. (1) Para poder decir con el Gran Maestro: "*Mi Padre y yo somos uno*". (2)

"Existe además un tercer aspecto más elevado y trascendente que el ser interno, y es el *Atman* o presencia divina dentro de todos los seres. Para alcanzar este nivel espiritual puro es necesario primero armonizar conscientemente los dos aspectos ya mencionados.

Cuando se logra esta unificación viene como manifestación la unión o armonía con esta presencia divina que está ahí esperando el día de su expresión más plena y completa.

Este proceso de unificación es gradual como todo en la naturaleza, no todos llevamos el mismo ritmo en nuestro camino espiritual; se puede uno detener si se deja influir demasiado por la vida material, que es como una ilusión en relación con el nivel espiritual de la existencia.

La unificación interna es lo que se conoce en el Budismo como el *nirvana*, el reino de los cielos en el Cristianismo, *samadhi* en el sistema yoga, es la unión mística del yo personal y el yo transpersonal. A este proceso de unificación se le conoce en la literatura místico-esotérica como el sendero Interior que vamos recorriendo en la medida de la comunicación del Ser interno y la personalidad formada, es un despertar de conciencia gradual". (Rolando Leal Martínez: *El sendero de la paz y la armonía interior*. Filosofía esotérica).

"Sigue los dictados de tu alma, así los sientas al principio como débiles murmullos, con el tiempo serán cada vez más fuertes, más claros y conscientes, haz lo que te dicta tu corazón espiritual y siempre sabrás qué hacer. Esto significa dejarse conducir por los impulsos que vienen del ser interno, a veces como corazonadas, chispazos de luz, intuiciones o deseos sublimes. No trabajes exclusivamente para tu yo separado, rompe las barreras del egoísmo personal, trasciende tu humana naturaleza y cuando recibas la experiencia sublime del contacto espiritual con tu alma, sabrás por vivencia propia que no hay nada que se pueda comparar a este momento cumbre, porque entonces sabrás quién eres en realidad, sintiéndote completo, plenamente unificado contigo mismo y con la divina presencia que mora dentro de tu Ser interno.

Y podrás conscientemente decir: TODO ES UNO.

Y el misterio de la unidad divina será conocido por ti en espíritu y en verdad".

(Rolando Leal Martínez: *El sendero de la paz y la armonía interior*. Filosofía esotérica).

(1) *Atman*, del sánscrito es la presencia divina
   dentro del alma, la chispa divina, la esencia del
   Absoluto en el ser humano.

(2) *"Mi Padre y yo somos uno"*.
(La Biblia: *Juan* 10.30).

INTERVENCIÓN TERAPÉUTICA

Se le da el nombre de intervención en psicoterapia, a la acción de influir positivamente en las personas que acuden a un Consultorio de Psicología, con la finalidad de ayudarles a resolver alguna cuestión que para ellos es importante, en su vida personal o social.

La Intervención en psicoterapia puede tener varias áreas de interés, entre las que podemos contar las siguientes:

A) De salud:
Enfermedades de tipo orgánico.
Trastornos de tipo mental.
Salud de los familiares.
La muerte de un ser querido.

B) De relaciones interpersonales:
De pareja.
Entre padres e hijos.
Familia en general.
Compañeros de trabajo o estudio.

C) De actividades:
Laborales.
Escolares.
Orientación vocacional.

Plan de vida y carrera.

D) De superación personal:
Asesoría psicológica.
Habilidades sociales.
Confusión existencial.
Crecimiento personal.

La frase popular: *"salud, dinero y amor"*. Resume muy bien la búsqueda de ayuda terapéutica, en quienes acuden con un psicólogo a un tratamiento. A estos tres aspectos le agregaríamos el desarrollo personal, es decir, la persona se siente estable en la salud, en sus actividades (trabajo o estudios) y en sus relaciones interpersonales (el amor y la armonía), pero ahora se siente insatisfecho, con lo que es o con lo que ha logrado, y busca algo mejor.

Superación personal
Actividades
Relaciones
Salud

Muchas personas que acuden a psicoterapia con el énfasis en uno de los tres aspectos básicos: salud, actividades o relaciones. Posteriormente o de manera complementaria comienzan a enfocar la ayuda psicológica también hacia el cuarto aspecto, la superación personal. Precisamente ese es uno de los puntos de interés de la psicología humanista transpersonal, buscar elevar el nivel de conciencia de las personas.

Estos cuatro grandes aspectos se interrelacionan entre sí, he visto que cuando uno de ellos falla, poco a poco comienzan a ser afectados los otros tres, en mayor o menor medida.

Revisemos cada una de ellas, empezando por el área de la salud. No siempre que tenemos problemas de salud física, acudimos con un psicólogo, ya que muchas veces, esa situación no alcanza a sobrepasar el nivel de afectación en lo material, pero hay algunas enfermedades que sí provocan mucho estrés o nerviosismo en los pacientes, en esos casos incluso algunos médicos recomiendan que al mismo tiempo que se están atendiendo con medicamentos, tomen alguna terapia psicológica. Voy a mencionar algunos casos que yo he atendido de problemas de salud orgánica, donde los pacientes al mismo tiempo buscaron ayuda psicológica.

Problemas de salud orgánica:

Enfermos de cáncer. Esclerosis múltiple. Epilepsia. Infartos, problemas de corazón. Colitis nerviosa. Amibiasis. Sida o diagnóstico básico de sida. Tumores, quistes. Artritis reumatoide. Problemas graves de la vista. Afectaciones en el cerebro. Situaciones genitales y sexuales. Desmayos, mareos frecuentes. Olvidos, pérdida de memoria. Próximas cirugías. Inapetencia, pérdida de peso. Obesidad. Trastornos endocrinos y menstruales. Bacterias o virus. Insomnio. Enfermedades terminales. Afectaciones de salud por accidentes. En el caso de niños: Problemas del desarrollo, motricidad, lenguaje.

Estas son algunas de las posibles causas orgánicas que pueden afectar psicológicamente a las personas y por las que acuden a un consultorio de psicoterapia. Puede ser que el consultante esté siendo afectado emocionalmente por la enfermedad de un familiar, o bien ya pasó todo el proceso, y quedó la persona como asustada de que le vuelva a pasar aquello, o lo vivió en un familiar o en un amigo, y ahora no puede quitarse la idea de que a ella misma le puede pasar también.

Problemas de salud mental:

Estrés, nerviosismo. Ataques de pánico. Angustia. Ansiedad, desesperación. Mie- dos y sustos. Depresión, sufrimiento. Desubicación, despersonalización. Alucinaciones. Paranoia. Preocupación excesiva. Aislamiento. Ideas de rechazo. Baja autoestima. Complejo de inferioridad. Pensamiento catastrófico. Emociones reprimidas. Ira, odio, resentimientos. Ludopatía. Drogadicción. Alcoholismo. Tabaquismo. Perversidad sexual. Trastornos del ánimo. Celotipia. Ataques de furia. Violencia. Traumas de la infancia. Muerte de seres queridos. Pérdida de bienes materiales.

Estos son algunos de los trastornos de salud de tipo mental que pueden llevar a una persona a buscar ayuda en la psicoterapia o en la psiquiatría, muchas veces el psicólogo al ver este tipo de casos le recomienda al paciente que al mismo tiempo que toma terapia psicológica, también reciba un tratamiento médico. Sobre todo, en las situaciones donde la afectación del individuo se está manifestando orgánicamente. Cuando revisemos algunos de mis casos que he tratado en consulta, veremos cuando se puede requerir esto.

Problemas de relaciones interpersonales:

De pareja.

Pueden ser novios, amantes, esposos. En este tipo tenemos los celos, la inseguridad de uno de ellos, la mala comunicación en la relación, la infidelidad, la influencia de terceros, problemas económicos o laborales, diferencia entre ambos sobre diferentes temas, como la religión, la moral, la sexualidad, el dinero, el deseo de progresar, la familia, los amigos, el desamor de uno de ellos, la indiferencia, el machismo, la violencia verbal o física, la manipulación de uno de ellos.

Padres e hijos.

Comunicación, respeto, reglas de conducta en la casa, ejemplo de los padres, roles en la familia, libertad y permisos, cumplimiento de labores, vida familiar, criterios sobre diferentes temas, aceptación, colaboración, limpieza de la casa, buena alimentación, diversiones personales y en grupo. Influencia y relaciones con familiares en segundo grado. Amistades de la familia.

Problemas escolares:

Bajo rendimiento escolar. Mala conducta en la escuela. Falta de atención y motivación. Flojera, desidia. Desánimo, pérdida de interés. Necesidad de asesoría extraclases. Malas compañías. Descuidos, distracción. No organizar bien el tiempo. Tareas incompletas. Participación en clase. Fallas en los métodos de estudio. Vocación inadecuada.

Problemas laborales:

Incumplimiento. No manejar bien el tiempo. No tener metas. Conformismo. Fallas en las habilidades sociales. Estrés. Falta la motivación. Comunicación no adecuada. No saber escuchar. Uso de una agenda. Trabajo en equipo deficiente. Inseguridad personal. Introversión. Apocamiento. Miedos. Timidez. Apatía. Cansancio. Tristeza. Actitud mental negativa.

Los anteriores son algunos de los aspectos tanto a nivel escolar como laboral, que frecuentemente nos encontramos en la terapia psicológica, casi siempre aparecen estas fallas básicas de la conducta humana, es por ello muy importante revisar junto al paciente, sus actividades para descubrir sus áreas de oportunidad, en donde está fuerte y cuáles son sus puntos débiles para fortalecerlos.

Problemas de superación personal:

Asesoría psicológica.

En este apartado el individuo busca como una orientación, donde pueda conocerse más a sí mismo, por medio de la psicoterapia, y descubrir, o enfatizar las áreas de oportunidad que requiere para ser mejor en lo que hace, en sus relaciones o en su salud integral, dependiendo de lo que requiera el paciente, se le recomendará algunos ejercicios de terapia, o bien varias sesiones de coaching o consejería, dependiendo si hay zonas que hay que eliminar o reprogramar en su mente, o solamente descubrir lo que tiene que hacer para ser mejor.

Habilidades sociales.

Algunos se acercan a la consulta para mejorar alguna de sus competencias sociales, reprogramando su mente profunda, desarrollando la inteligencia emocional, la comunicación efectiva, asertividad, liderazgo, las habilidades de negociación e influencia, la motivación al éxito, el mejoramiento de sus actitudes, la organización del tiempo, el trabajo en equipo y el deseo de superación permanente.

Confusión existencial.

Se puede buscar la terapia, porque se está pasando por una etapa de confusión mental, se ha perdido el rumbo de la vida, se requiere tranquilidad y relajamiento para poder ver con mayor claridad lo que le corresponde hacer en su existencia, aprender a ser feliz, y convertirse en una persona productiva para los demás, empezando por sí mismo, su familia y su entorno. Conocerse a sí mismo para encontrar su misión en la vida.

Crecimiento personal.

Por último, y muy pocas personas, buscan en la psicoterapia, algo más allá de lo cotidiano, lo social, lo familiar, y desean saber el sentido de la vida humana, descubrir su propia filosofía de la vida, que le de valor y sustento a todo lo que es, lo que hace y lo que tiene. Son los que ya están preparados para lo transpersonal, la búsqueda del sendero interior.

> "Mi preparación como psicoterapeuta, primero en forma autodidacta y posteriormente por medio de estudios académicos universitarios, me ha permitido tener una visión más amplia e integral del fenómeno psicológico, libre de influencias dogmáticas o escépticas, he aprendido a tomar decisiones, aprendiendo de la experiencia y de mis errores. Lo cual me ha conducido ha cuestionar todo lo que se enseña en los libros o en las universidades, pero siempre con un espíritu de conciliación y respeto, siguiendo un postulado antiguo que dice: *"Extraer del fondo de todas las cosas lo más hermoso que hay en ellas"*, es decir aprender de todos y de todo, pero sin dogmatismo ni escepticismo extremos, buscando el punto medio de equilibrio y de armonía universal".
> (Rolando Leal Martínez: *El sendero de la paz y la armonía integral.* Psicología práctica).

TÉCNICAS EN PSICOTERAPIA

En este capítulo revisaremos las principales técnicas en psicoterapia integral que hemos utilizado en el curso de los años. Las vamos a dividir en varios aspectos:

1.-Técnicas básicas.
2.-Técnicas vivenciales
3.-Técnicas profundas

1.-Técnicas básicas

Son aquellas que casi siempre están presentes en la consulta, independientemente del tipo de persona que acude a la sesión terapéutica.

Entrevista.

Se puede dividir en entrevista inicial y en las entrevistas subsecuentes. Normalmente consiste en preguntarle al consultante una serie de cuestiones sobre su propia vida, relaciones y situación particular que lo ha traído a la terapia.

Ejemplo de entrevista inicial:

Fecha de la consulta. Nombre del consultante, fecha de nacimiento, estado civil, número del celular o teléfono, correo electrónico, lugar de nacimiento, domicilio, familia propia o paterna, estudios, trabajo actual u ocupación, situación de estudio o laboral, estado de salud física, motivo de la consulta, antecedentes de la situación.

Estos son algunos de los puntos básicos, los cuales pueden ampliarse poco o mucho dependiendo de la realidad del paciente, es decir, no es lo mismo alguien que asiste a la consulta por problemas en la escuela, que otra persona que ha tenido una situación problemática por varios años, y que por lo mismo, se va a extender en sus comentarios, en cada uno de los tópicos que se le están pidiendo. Ya hemos visto en el capítulo anterior las áreas principales que podemos tratar en la consulta: salud, actividades, relaciones y desarrollo personal. Cada una con sus variantes respectivas. Desde la primera entrevista buscar establecer una buena relación armónica con el consultante, lo que se conoce como *rapport*.

Entrevistas posteriores:

En ellas se amplían las ideas y situaciones relacionadas con el motivo de la consulta inicial, también puede irse modificando el tema principal, hacia otras áreas de interés por el consultante. En cada consulta se realiza esto, para estar al día con el paciente, en su proceso terapéutico, puede llevarse media hora aproximadamente, o bien toda la consulta, dependiendo del tipo de consultante y de la intervención que estemos haciendo con él o ella. Es decir, en el tipo de intervenciones psicológicas que yo practico en mi consultorio, procuro aplicar técnicas y ejercicios dentro de la consulta, y no solamente platicar con la persona. Pero algunos pacientes tienen mucha necesidad de hablar, o bien, entre sesión y sesión, sucedieron muchas cosas relevantes y la persona quiere comentar todos los detalles de sus experiencias. En estos casos procedemos a utilizar lo que yo llamo el Diálogo terapéutico, que explicaré a continuación.

Diálogo terapéutico.

Se trata de aplicar ideas y conceptos relacionados con la psicología en el proceso de platicar con el paciente, con la intención de que por sí mismo, comprenda mejor su situación, por medio de escucharse cuando comenta sobre algún tema de su interés, al darse cuenta de sus sentimientos que afloran con sus palabras, este es un fenómeno interesante de la comunicación, que sucede frecuentemente al hablar sobre nuestras ideas y vivencias.

Se aplican varias estrategias, una de ellas es la *escucha activa*, es decir, poner mucha atención en lo que está diciendo el paciente, no solo lo que dice, sino cómo lo dice, su expresión no verbal, tono de voz, actitud emocional, tipos de conceptos o palabras expresadas, relación con otras ideas que subyacen en el tema de la conversación. Anotar algunos puntos importantes que puedan ser relevantes en futuras entrevistas.

La *retroalimentación* adecuada, para no chocar con el paciente o cliente, hacerle ver o resaltar algunos aspectos que puedan ayudarle a comprender mejor su situación y su caso particular. Utilizar la capacidad de *adaptabilidad*, para que se sienta a gusto con nosotros, como si estuviera platicando consigo mismo, pero en un nivel más centrado y con un juicio más claro de la problemática presentada. Es decir, si es un niño o un adolescente, hablar en sus propios términos, para que se sienta a gusto con nosotros, igualmente si es mujer o es un hombre tratar de entender su punto de vista particular.

Procurar ser *asertivo* siempre, para ayudar al cliente a encontrar su punto de equilibrio en su propia vida, y de alguna manera compartirle esta manera de ser, en sus propias experiencias.

Estimular la *actitud mental positiva*, mediante nuestro propio ejemplo, espalda derecha, mirada armónica, una sonrisa suave, y ver siempre lo mejor en todo lo que suceda, optimismo, alegría y positividad.

Ayudar al paciente en su propio *análisis* de la situación y de sus experiencias, para poder separar, cada elemento, cada persona involucrada, ya que precisamente por eso entramos en confusión, cuando mezclamos las cosas, al no ver con claridad cada detalle específico. *Divide y vencerás* decían los antiguos, sirve para ir solucionando cada parte de un todo.

Buscar *lo transpersonal,* dependiendo de cada consultante, llevarlo a un nivel más alto de conciencia, donde pueda sentir que no está solo en este proceso, que puede recibir ayuda adicional, del universo, la vida, Dios, su alma, ángeles, guías espirituales, o cualquier otra idea que pueda tener acerca de aquello superior que está sobre nosotros, y dentro de nuestro ser profundo, y que podemos aprender a sintonizarnos a esa ayuda especial.

Tareas.

Este tipo de actividades depende mucho de las necesidades del paciente, son ejercicios que el psicólogo puede pedirle realizar durante el tiempo entre sesión y sesión, para que pueda ir avanzando mucho más rápido en su proceso. Puede ser leer algún libro, ver un video, escuchar cierta música, practicar algún ejercicio especial, enfrentar una situación, tomar un curso, hablar con alguien, escribir, meditar, buscar ayuda médica, muchas veces el cliente solo las realiza, sin que el psicólogo se las pida.

Hoja de autocontrol, es un formato que yo diseñé donde se puede analizar sus principales reacciones psicofísicas, por períodos de tres horas cada día de la semana. Se hace por una semana completa, para descubrir zonas de interés para la terapia. Ejemplo:

1.Preocupación; 2. Pesimismo; 3. Ansiedad;
4. Miedo; 5. Fobia; 6. Enojo; 7. Agresividad;
8. Tristeza; 9. Depresión; 10. Nerviosismo;
11. Malestar; 12. Dolor físico; 13. Cansancio;
14. Fastidio; 15. Insomnio; 16. Pesadillas;
17. Ideas negativas; 18. Crítica; 19. Mal hábito;
20. Vicio; 21. Fantasía negativa.

Pruebas o test.

En este apartado, depende mucho si el psicólogo utiliza algún tipo de batería de pruebas psicológicas, con la finalidad de descubrir o investigar áreas de oportunidad del consultante, no todos los psicoterapeutas aplican pruebas, si el psicólogo no aplica pruebas, podría pedirle a su cliente acudir con otro colega que si se dedica a la aplicación de estas pruebas, si acaso lo considera necesario o pertinente.

En mi experiencia terapéutica, con algunos pacientes sobre todo jóvenes y niños, llegué a utilizar ciertas pruebas para encontrar más información, pero normalmente no me dedico a esa especialidad de la psicología.

Algunas veces he aplicado algunos cuestionarios o test tomados de mi libro: *El proceso del autoconocimiento*. Como por ejemplo:

Los pares de opuestos, donde la persona descubre su relación hacia uno de los pares de opuestos de tipo psicológico que existen.

Los tipos psicológicos, para saber cómo la persona se identifica con alguno de los cuatro tipos básicos:

Teórico.
Emocional.
Activo.
Práctico.

Los caminos de la vida, relacionado con la vocación y el sentido de la misión que tenemos en la vida, son seis caminos principales:

1.-Material, economía y tecnología.
2.-Cultural, arte y recreación.
3.-Humanitario, filantropía y salud.
4.-Trascendente, religión y filosofía.
5.-Directivo, política y administración.
6.-Intelectual, ciencia y educación.

Las cualidades básicas, donde se descubre nuestra relación con la numerología (nueve tipos específicos) desde el punto de vista psicológico:

1.-El arcano de nacimiento.
2.-El arcano del carácter.
2.-El arcano síntesis de la vida.

Los ciclos vitales: Entender cómo funciona este conocimiento y como sacarle provecho.

+ Ciclos mayores cada nueve años a partir del nacimiento de la persona.

+ Ciclos menores, dividir cada año en nueve partes, a partir del cumpleaños de la persona, relacionar los nueve tipos con la numerología anterior de los arcanos.

+ El bioritmo intuitivo. Estudiar los tres ciclos del bioritmo: físico, emocional e intelectual.

Los niveles del ser. Para descubrir el nivel de conciencia en el que nos expresamos.

a) Nivel de relaciones: Con uno mismo, con el entorno, con los demás.

b) Nivel de desarrollo: En lo físico, en lo psíquico y en lo espiritual.

Dependiendo del psicoterapeuta es como podrá utilizar las herramientas que ya posee, siempre con la finalidad de ayudar al paciente o cliente a obtener los resultados que anda buscando en la consulta psicológica.

2.-Técnicas vivenciales

Son ejercicios tomados de diferentes enfoques terapéuticos que nos ayudan a provocar cambios en el paciente, de una manera rápida y directa, manteniendo el consultante su estado de conciencia activa y despierta. Se busca que el cliente participe directamente en estas prácticas vivenciales.

Escribir lo bueno y lo malo.

Se le pide al paciente que escriba en una hoja, lo bueno y lo malo de sí mismo, o de su pareja, o de su trabajo, o de su carrera que está estudiando. Este ejercicio sirve para tomar conciencia de su realidad, encontrar áreas de oportunidad en lo que necesita hacer. Con esta información se puede luego trabajar en la terapia, para lograr cambios de conciencia y percepción del consultante.

Lluvia de ideas.

Cuando el paciente no sabe con claridad que hacer en alguna situación específica, se puede utilizar el ejercicio de la lluvia de ideas, para que pueda ampliar su panorama sobre algún tema de su interés.

Hablar libremente.

En terapia de parejas, se le pide a cada uno de ellos, que hable libremente como si la otra persona no estuviera presente, el otro sólo escucha, sin decir nada. Luego se cambian los papeles. En terapia individual, también se puede utilizar este recurso, pidiéndole al paciente dejar libre sus ideas y sentimientos sobre el tema que le preocupa.

Asociación libre de ideas.

Es parecido al anterior, pero se hace con el paciente recostado o semirecostado, con los ojos cerrados, dejando que aparezcan las ideas en la mente del consultante, sin poner ningún impedimento en su expresión, el psicólogo solo escucha atentamente, tomando notas para luego retroalimentar a su cliente. (Técnica inspirada en el Psicoanálisis).

Investigación de los sueños.

En algunas ocasiones algunos pacientes refieren que recuerdan sus sueños, y que quizá alguno le haya llamado la atención, así que lo platican en la sesión terapéutica, y con la ayuda del psicólogo se trata de encontrar su sentido o significado para el soñador. Es muy importante entender que el simbolismo de los sueños es personal, no podemos basarnos en ideas generales sobre el significado, ya que cada individuo maneja códigos propios del subconsciente.

Hay varias formas de investigación que se puedan utilizar para esta técnica de los sueños en terapia.

1. Por medio de *preguntas* al consultante, buscar que el propio soñador descubra el sentido de los símbolos oníricos.

2. Por *identificación*, se le pide a la persona que se identifique con cada elemento del sueño, y que se describa de esa manera. Por ejemplo, si en el sueño aparece un carro, un bosque, y una casa específica. Se le dice: Si tú fueras el carro, como serías... y el paciente describe libremente lo que siente en ese momento de identidad. Y así con los demás símbolos o imágenes que aparecen en su sueño.

3. Por *transformación*. Ya que narró su sueño, se le pide cambiar, mejorando las situaciones donde aparece el paciente, sobre todo en las pesadillas, o en los sueños conflictivos para el soñador.

Hay diferentes tipos de sueños, básicamente podemos distinguir tres tipos:

a)-Los sueños fisiológicos y cotidianos.

"Son producto del funcionamiento mental y cerebral de todos los días, al descansar la mente sigue en actividad produciendo este tipo de expresiones oníricas. Se forman con el material que hemos recibido a través de los cinco sentidos y las experiencias cotidianas.También influyen en su formación los deseos no realizados, los temores y toda la gama de emociones que conforme nuestra vida diaria, hemos vivenciado en nuestro interior, no necesariamente son producto de experiencias concretas, pueden ser imágenes que hemos presenciado en una película, o bien al leer un libro o escuchar una canción".
(Rolando Leal Martínez: *El sendero de la paz y la armonía interior*. Psicología práctica).

b)-Los sueños simbólicos y de enseñanza.

"Este tipo de producción onírica es diferente a los sueños fisiológicos, su temática está basada en otro orden de ideas, se puede decir que trascienden lo cotidiano, lo físico e incluso lo personal de tipo egoísta. En esto radica la diferencia con respecto a los sueños de tipo fisiológico, aparecen imágenes que no tienen relación directa con lo conocido habitualmente, son situaciones que implican otra lógica, un desarrollo diferente en la secuencia de los diferentes sucesos que están implícitos en el sueño.
(Rolando Leal Martínez: *El sendero de la paz y la armonía interior*. Psicología práctica).

c)-Las revelaciones, que no son sueños en sí mismos, sino posibles experiencias en otra dimensión.

"Son experiencias reales en otras dimensiones que todos los seres humanos tenemos, pero que no reconocemos ampliamente debido al hecho de que se tienen cuando estamos dormidos. Fácilmente se confunden con los sueños normales, ya sean de tipo fisiológico o simbólico, lo cual se debe a un fenómeno natural de que al despertar las impresiones que hemos recibido en esas dimensiones superiores, se entremezclan con los sueños que se han tenido durante la noche, es por ello la dificultad de poder

descifrar correctamente dichas experiencias. Con la práctica es posible aprender a diferenciar estas vivencias reales de lo simbólico o incluso de lo cotidiano de los sueños fisiológicos. Si utilizamos esta clave de discernimiento será más fácil separar las diferentes partes de lo que recordamos al despertar".
(Rolando Leal Martínez: *El sendero de la paz y la armonía interior*. Psicología práctica).

Crear un estado de bienestar.

Se le pide a la persona que se ponga de pie, y que sienta su estado actual (sentimientos o sensaciones), luego se le dirige para que ponga sus pies firmes y piernas derechas, que enderece la espalda, la cabeza en línea recta con la columna vertebral, la mirada al frente y una sonrisa en su rostro. Ya que logró lo anterior, se le pide cerrar los ojos. Se les dan una serie de sugestiones mentales, para sentirse bien de ahora en adelante, de que va a poder crear a voluntad este estado de conciencia.

Variante del ejercicio. Se le pide avanzar unos pasos al frente, y en cada paso se le pide imaginarse en el futuro inmediato. Se puede practicar sentado. (Algunos de estos ejercicios donde se usa la imaginación creativa están inspirados en algunas prácticas de PNL, Programación Neurolingüística).

Enfrentando una situación negativa.

La persona nos platica algo que no le gusta enfrentar o hacer, y quisiera poder cambiar eso.

Se le pide ponerse de pie e imaginar la situación que quiere enfrentar frente a él.

Ya ubicando en el suelo donde sería la situación del futuro que quiere enfrentar con éxito, se le pide salirse de esa línea, y se le lleva físicamente a otro lugar en el consultorio, ahí se le pide crear un estado de bienestar, como en el ejercicio anterior. Ya que logró crear un estado positivo, se le pide regresar a la posición original, recrear el estado de poder, y avanzar ahora a la posición de reto en el futuro próximo, se le dan sugestiones positivas, o se le pide que repita algunas afirmaciones de que va a poder salir adelante de esa circunstancia, utilizando la imaginación creativa.

Modificando una escena del pasado.

La persona nos platica de un evento de su pasado que le molesta, o le afecta sobremanera, o bien aparece esto durante las entrevistas, se le pide ubicar en el suelo una línea imaginaria del tiempo. Su presente, y luego su pasado, normalmente las personas ubican el pasado en su espalda, o algunos hacia su lado izquierdo. Despuès de ubicar su línea del tiempo, se le pide estar en el tiempo presente, caminar hacia el pasado en la línea temporal, hasta encontrar el suceso que quiere enfrentar. Se le saca de la línea, a otra posición diferente, y ahí se crea un estado de bienestar y poder (como en el primer ejercicio mencionado). Ya estando en ese estado de excelencia, se le pide caminar hacia la situación de conflicto, y ahí se le pide enfrentar con éxito su recuerdo, pero ahora cambiando los resultados, utilizando todos sus recursos que ha adquirido al paso del tiempo.

Este ejercicio se puede hacer mentalmente, es decir, sin que el consultante hable sobre lo que está imaginando, o bien verbalmente, platicando lo que está sucediendo en su mente.

Variante del ejercicio: Que el consultante pueda vivenciar varios recuerdos en la misma sesión, modificándolos uno por uno. En algunas ocasiones, cuando tenemos tiempo, podemos buscar cadenas de recuerdos similares, e ir modificando cada uno de ellos.

Eliminar un recuerdo negativo con tres positivos.

Cuando la persona nos relata una situación que vivió que le ha afectado grandemente en su vida, o bien algo que acaba de suceder que lo está molestando mucho.

Sentado, con los ojos cerrados, se le pide recordar el suceso negativo, e imaginar que todas las imágenes, recuerdos, pensamientos e ideas del suceso, las pueda llevar de su cabeza, bajando por su brazo izquierdo hasta su mano izquierda, luego que todos los sentimientos, emociones y energías que siente sobre ese suceso, las lleve desde su abdomen y pecho por el hombro izquierdo, bajando por el brazo, hasta su mano izquierda.

Cuando termine esto abre sus ojos. Luego se le pide recuerde tres sucesos de éxito, positivos, de felicidad que haya vivido en el curso de su vida, y luego, cerrando sus ojos, comience a revivir uno de los sucesos positivos, y los pensamientos en su cabeza los lleve a la mano derecha, los sentimientos del abdomen y pecho igualmente a la mano derecha, con los ojos cerrados, continua su ejercicio con los dos recuerdos positivos restantes. Al terminar los tres sucesos positivos, abre los ojos.

Con los ojos abiertos, se le pide tomar aire, soteniendo el aire, golpear la palma de su mano derecha sobre la palma de la mano izquierda, tres veces. Exhalar, volver a tomar aire sosteniendo, golpear tres veces la mano derecha sobre la izquierda, por última vez se repite esta acción. Al final sacude sus manos.

Modificar una sensación de incomodidad psicofísica.

Si el paciente nos platica que en el momento de la terapia se siente muy mal, se le pide que reconozca donde se siente mal, en su cuerpo físico, normalmente hay zonas de malestar general: bajo vientre, abdomen, pecho, cuello y cabeza (corresponden con algunos *chakras* o centros de energía), ya que detectó donde es el malestar.

Se le pide ponerse de pie, el terapeuta se coloca enfrente del paciente, le va señalando en su cuerpo (del terapeuta) la zona de conflicto, empezando por el bajo vientre, preguntándole al paciente que siente, cuando el terapeuta señala su propio cuerpo, como si fuera una imagen de un espejo, así sigue con las otras zonas. Luego haciendo movimientos con sus manos alrededor de las zonas de conflicto, como si borrara o disipara la energía acumulada ahí, le va preguntando al consultante, lo que siente, y si ya se siente mejor.

Cambiar un recuerdo.

El paciente nos refiere de una situación de conflicto que ha vivido, que lo afecta profundamente, entonces podemos ayudarlo a modificar el impacto que ese suceso le ocasiona, se le pide que con los ojos cerrados, sentado cómodamente, se imagine la escena que quiere trabajar, se le dice que la imagine en su lado izquierdo a la altura de sus ojos, luego cuando ya la recordó, que la ponga como foto en su pantalla mental, y con un movimiento rápido de su mano derecha imaginarse que toma la foto y la desplaza hacia su derecha, tirándola a lo lejos.

Luego que forme otra imagen, ahora muy positiva del mismo suceso, en su lado izquierdo de su pantalla mental, cuando ya la tenga, dejarla como una foto a color, con muchos detalles, luego tomarla con su mano derecha y lentamente, recorrerla de izquierda a derecha, a la altura de los ojos. Al llegar a su derecha dejarla ahí. Y abrir sus ojos. Se puede repetir el proceso tres veces.

Eliminar una escena mental.

En este ejercicio, se trata de imaginar la situación negativa que el paciente recuerda, sentado cómodamente y con los ojos cerrados. Ya que la imaginó, se le pide que vaya cambiando la escena, primero que la deje fija como una fotografía, que le quite el color, luego que la reduzca de tamaño, más y más hasta quedar como una pequeña basurita, que pueda tirar libremente, lejos de sí mismo.

Bajar de peso.

Este ejercicio sirve para cambiar hábitos de alimentación y bajar de peso, sentado cómodamente con los ojos cerrados, se le pide al paciente imaginarse un lugar, donde hay dos mesas con manteles largos, una de ellas con alimentos nocivos para su salud, y la otra con los alimentos que debe comer para bajar de peso.

Luego que imagine envolver los malos alimentos en el mantel de la mesa, sacar el fardo al aire libre y lo amarre con unos grandes globos llenos de helio, y los suelte, llevándose los malos alimentos al espacio, y contemplar cómo se va alejando, reduciendo su tamaño, hasta perderse en las nubes...

Después regresar al comedor y contemplar con

atención y buen gusto los alimentos permitidos y deseables para mejorar su salud y bajar de peso.

Para bajar de peso existen tres componentes que deben estar presentes. Una buena alimentación, ejercicio adecuado y actitud mental positiva.

Adquirir nuevas cualidades positivas.

Primero se le pide al consultante que platique sobre las cualidades que desea adquirir, como le gustaría ser, en las diferentes áreas de su vida. Luego que piense en algún personaje histórico o en alguien conocido por el cual sienta admiración y respeto, porque esa persona tiene o tenía las cualidades que quiere recibir.

De pie, con los ojos cerrados, se le pide al consultante que imagine a esa persona a su lado, con las cualidades o virtudes que desea tener, y que ese personaje entra en asunción en su cuerpo con él o ella, trasmitiéndole esos valores, actitudes y talentos...

La silla vacía.

Este ejercicio se emplea cuando el consultante tiene algo contra alguien, que no ha podido comunicar o decir, entonces se le pide que imagine que esa persona está sentada frente a él o ella en una silla vacía. Luego que le hable en voz alta diciéndole todo lo que siente.

Después de esto se le puede pedir (depende del caso), que se siente ahora en la silla que estaba vacía, y que se responda como si ahora fuera la persona a la que le dijo lo anterior.

Posteriormente se platica y reflexiona sobre lo que el paciente ha descubierto por medio de este ejercicio, Dependiendo de los resultados se podrá intentar varias veces. Con algunas modificaciones que se crean convenientes. (Este ejercicio se utiliza mucho en Terapia Gestalt).

Cambiando a un enemigo en amigo.

Esta pràctica es muy efectiva para transformar lo que uno siente por otra persona, a la que se considera un enemigo o adversario, alguien que nos está afectando o molestando mucho.

1. Primero se le pide al paciente se imagine frente a esa persona, diciéndole lo que siente y lo que piensa de él o ella.

2. Luego lo perdona por ser cómo es, o cómo ha sido en el pasado.

3. Posteriormente le pide perdón, por lo que siente por él o ella.

4. Después le reconoce todo lo bueno que tiene o ha hecho.

5. Para terminar se imagina mejorando la relación y abrazando a esa persona.

Nota: el perdón en psicología lo entendemos como liberación de la carga emocional que la persona o el suceso nos ocasionan.

Trabajando la autoestima.

El paciente sentado con comodidad con los ojos cerrados, se le pide imaginar a una persona que lo quiere de verdad, observándo, a un lado de él o ella, reconociendo sus cualidades más positivas, todo lo bueno que tiene y ha realizado en el transcurso de su vida. El consultante toma conciencia de lo bueno que capta de la persona que lo ve con ojos de amor, compasión e incluso admiración y respeto.

Mejorar la comunicación.

Para este tema de aprendizaje y desarrollo recomendamos nuestro curso y libro: *Comunicación consciente*. Principalmente los ejercicios siguientes:

1. ¿Cómo es tu comunicación?

2. ¿Qué fallas percibes en tu comunicación en general?

3. Completa los siguientes pensamientos.

4. Completa las siguientes frases.

5. Autoevaluación.

Ejercicios de visualización.

También se pueden emplear ciertos ejercicios de visualización o imaginación creativa, los cuales tienen por objeto preparar nuestra mente para pensar con mayor positividad y éxito. Recomiendo mi libro: *Visualización creativa.* Principalmente los ejercicios siguientes:

1.-Análisis de metas.

Se le pide al consultante que elabore una serie de metas que desee alcanzar a corto y a largo plazo. Ubicando el tiempo estimado para lograr cada meta.

"Le llamamos proceso objetivo porque todo esto se realiza en el nivel consciente de la mente. Mientras más claro y definido tengamos este paso, más probabilidad de éxito alcanzaremos, y en el menor tiempo posible. Hay que ser realistas en este nivel, ubicar lo que son deseos alcanzables que se pueden convertir en metas definidas, y los que son deseos que están fuera de nuestra realidad, y que quedan dentro de los anhelos futuros o incluso aquellos que no dependen de nosotros para lograrlos. Esto es fundamental en este paso, establecer la diferencia entre ambos tipos de deseos".
(Rolando Leal Martínez: *Visualización creativa*).

2.-Mandala gráfico.

Con recortes de fotografías se hace un cartel o poster con las imágenes representativas de nuestras metas personales. Poniendo en el centro del cartel gráfico, nuestra foto o nuestro nombre.

"Consideramos este paso como objetivo-subjetivo, porque comenzamos a impactar en nuestra mente interna, para lograr nuestras metas o deseos, en el nivel subconsciente grabando información gráfica y audible, para que luego trabajen en forma automática, motivándonos al cambio y al logro de nuestros objetivos. Y en el nivel supraconsciente, atrayendo la ayuda y las bendiciones divinas que necesitamos para realizar nuestras metas".
(Rolando Leal. Visualización creativa).

3.-Revivir sucesos con sentimiento.

Ahora se le pide al consultante que recuerde sucesos de éxito del pasado, que pueda revivir para actualizar los sentimientos positivos de lo que ya logró con anterioridad.

"Proceso subjetivo-objetivo. En este paso se busca traer del mundo interno o subjetivo, algo que es como un tesoro, que vamos a utilizar en el momento presente, buscamos actualizar tu historia en tu realidad objetiva tangible".
(Rolando Leal Martínez: *Visualización creativa*).

Inteligencia emocional.

Uno de los aspectos más importantes en la terapia es aprender a manejar bien las emociones y sentimientos. Para este propósito diseñamos un curso especial que luego se transformó en un libro: *Aprende a ser feliz controlando tus emociones.*

1. Los pares de opuestos
2. Estatua viviente.
3. Control del fuego.
4. La ley del perdón.

5. El retorno consciente.
6. La imaginación creativa.
7. El poder de la respiración.
8. El relajamiento consciente.

Estas técnicas vivenciales tienen el factor común del uso de la imaginación por parte del paciente o cliente, además de mantenerse en un estado de conciencia de alerta, pero con cierto grado de concentración para el manejo de la visualización, también se pueden hacer de pie, sentados, recostados o con ciertos movimientos corporales. Dependiendo del enfoque terapéutico del psicólogo y del tipo de ejercicios que conozca será lo que pueda utilizar con cada paciente.

3.Técnicas profundas

Les llamamos así por aplicarse estando el paciente en un estado de relajamiento y trance, lo cual permite utilizar sugestiones positivas para influir desde el nivel subconsciente, para poder reprogramar la mente, sobre todo en los niveles donde el propio consultante no puede acceder por si mismo.

Relajamiento consciente.

El relajamiento es el estado opuesto a las tensiones de la vida diaria, consiste en aflojar y soltar totalmente el cuerpo como cuando va uno a dormirse, sólo que el practicante permanece atento tanto al proceso de relajarse como a los resultados y efectos del ejercicio; por eso se considera consciente, se trata de alcanzar un estado psicofísico de paz, armonía y tranquilidad, esto se logra al relajar cada parte o zona del cuerpo en coordinación con la respiración y la concentración. Recomendamos nuestro libro: *Mejora tu salud con Yogaterapia.* La sección de Relajamiento consciente.

Tipos de ejercicios de relajamiento:

1.-Relajamiento muscular.

Primero se tensiona el practicante, y luego va soltando su cuerpo parte por parte, de los pies a la cabeza, hasta alcanzar un estado de total soltura del cuerpo y tranquilidad mental.

2.-Relajamiento respiratorio.

Inhalar profundamente por la nariz, sostener un momento y exhalar lentamente por la nariz, soltando el cuerpo en cada exhalación. Se repite el proceso siete veces hasta alcanzar un estado de relajamiento total. También se puede hacer por zonas.

3.-Relajamiento imaginativo.

Utilizando la imaginación nos vamos soltando poco a poco hasta lograr un estado pleno de relajamiento del cuerpo y tranquilidad en la mente.

4.-Relajamiento sugestivo.

Por medio de ideas o sugestiones por ejemplo decir. *"Mis piernas se relajan, mis piernas se relajan, mis piernas están relajadas, mis piernas están completamente relajadas".* Y así seguimos con el resto del cuerpo, hasta lograr el estado deseado, cuerpo relajado, mente en paz.

Ejercicios de meditación y atención plena.

Podemos enseñarle al paciente a practicar algún tipo de meditación o ejercicios de atención plena, para que, entre consulta y consulta, practique el estar centrado en sí mismo. En el aquí y el ahora. Se puede ayudar con audios en internet, o solo escuchar música tranquila. Recomiendo mi libro: *Meditación profunda.*

1. Observar la respiración.
2. Reflexión consciente.
3. Autoprogramación con la postura.
4. Autoprogramación con un *mudra.*
5. *Mantra OM.*
6. *Mantra* YO SOY.
7. Autopercepción.
8. Punto cero.

Visualización dirigida.

En este tipo de prácticas después de relajarse la persona, se le ayuda a dirigir su imaginación hacia ciertos temas que lo van a ayudar a entrar en niveles más profundos de su mente, y en ese estado se le dan sugestiones para mejorar en diferentes áreas o aspectos de su vida, de preferencia relacionados con la problemática que se está manejando en la consulta. Estos ejercicios los puedes consultar en mi libro: *Visualización creativa.*

1. *El lago y la cascada,* con respiración rítmica. Eliminar lo negativo y llenarnos de todo lo positivo.

2. *El fuego transmutador,* con respiraciones alternas. Mejorando el funcionamiento del cuerpo físico a nivel orgánico y energético.

3. La esfera del corazón, con respiración con retenciones. Conectando con la paz y la armonía interior.

4. La luz curativa, con respiración psíquica. Recibiendo energía curativa interna y externamente.

Técnica de Ensoñaciones.

Es una técnica desarrollada por varios investigadores, algunos consideran a Robert Desoille (1890-1966) ingeniero y terapeuta como el fundador del método Sueño Despierto Dirigido o terapia de Ensueño. Algunos relacionan esta técnica con los principios del psicoanálisis, o con la psicología analítica de Jung, mientras otros lo relacionan con la corriente humanista-existencial. La finalidad de la técnica es aprovechar la capacidad de la mente humana, para crear imágenes semejantes a los sueños, pero en estado de vigilia, con cierto grado de relajamiento y concentración.

El paciente recostado, o semi-recostado, con los ojos cerrados, es llevado por el terapeuta a buscar las ideas o imágenes que aparecen en su mente de manera natural y espontánea. Luego conforme la mente del sujeto va entregando las imágenes, el terapeuta toma nota de los símbolos que aparecen en el relato del paciente. Para posteriormente cuando ha salido del estado de ensoñación, comenzar a analizar su contenido, desde varios enfoques terapéuticos.

Otra variante, es buscar que el sujeto elabore una historia determinada, se le da un tema al paciente, para que, en el estado de ensoñaciones, deje volar su imaginación, y brote la historia o cuento desde los niveles profundos de su mente. Puede ser que el tema lo decida libremente el sujeto en su estado de ensoñación, y de ahí se sigue el curso natural de la experiencia.

También se puede relacionar con los sueños naturales, por ejemplo, el paciente recuerda un sueño o un fragmento del mismo, y se lo comenta al terapeuta, éste usando esta técnica, le pide al sujeto dejar libre su mente, para completar el sueño, o incluso terminarlo, o ampliarlo con la libertad del estado de ensoñación. Como podemos ver por lo que he comentado no todos los pacientes que acuden a terapia funcionan con este tipo de técnicas. Hay que saber con que tipo de pacientes o casos se puedan utilizar este tipo de ejercicios.

Hipnosis clínica.

Hipnosis: del gr *hypnos*, sueño.
La hipnosis se define como un estado de trance inducido por otra persona, se produce en el sujeto hipnotizado una alteración de la conciencia, existiendo una gran concentración y aumento de la imaginación, manifestándose un gran relajamiento psicofísico.

Desarrollo de la hipnosis.

En los tiempos modernos la hipnosis se fue desarrollando gradualmente, gracias a las investigaciones de muchos pensadores que, buscando métodos para ayudar a los enfermos, fueron descubriendo los principios que con el tiempo se fueron consolidando como la práctica hipnótica.

Casi todos los investigadores de la hipnosis moderna reconocen las aportaciones del médico alemán Franz-Anton Mesmer (1734-1815). Quien utilizando lo que él llamaba el magnetismo animal, provocaba en sus pacientes un estado como de sueño artificial o sonambúlico, en el cual se producían las curaciones que él buscaba en los enfermos.

El Dr. James Braid (1795-1860) neurocirujano escocés. Ha sido considerado el padre de la hipnosis científica. Fue el creador del término hipnosis y sueño hipnótico, su tratamiento se enfocaba al hipnotismo sensorial.

Otro investigador que influyó en el nacimiento de la hipnosis clínica fue el Dr. Ambroise Auguste Liébeault (1823-1904), médico francés, fundador de la escuela de Nancy. Comenzó a investigar y a practicar la sugestión y el hipnotismo psicológico.

Podemos mencionar también a Pierre Janet (1859-1947) filósofo, médico y psicólogo, fue director del Hospital de Salpetriere, en Francia. Se le considera el fundador de la tradición analítica en la psicología. Promovió la hipnosis durante toda su carrera.

También hay que recordar a Milton H. Erickson (1901-1980) psicólogo y médico norteamericano, quien innovó las técnicas de la hipnosis en la aplicación de la psicoterapia.

Al hablar de hipnosis tenemos que mencionar el descubrimiento de las ondas cerebrales o estados de conciencia. Se descubrió hace algunos años que el cerebro emite frecuencias eléctricas, de muy baja amplitud, y pueden ser detectadas mediante aparatos especiales, se considera al Dr. Hans Berger (1873-1941) neurólogo y psiquiatra alemán como el padre de la electroencefalografía, las ondas cerebrales que se han descubierto hasta nuestros días son las siguientes:

Nivel *delta* de 0.5 a 4 ciclos/segundo; sueño profundo. Descanso completo: física y mentalmente relajado.

Nivel *theta* de 4.1 a 7 ciclos/segundo; sueño con ensueños. La mente está activa y el cuerpo en reposo.

Nivel *alfa* de 7.1 a 14 ciclos/segundo; conciencia trascendente. El cuerpo relajado, la mente está activa.

Nivel *beta* de 14.1 a 29 ciclos/segundo; estado de vigilia. El cuerpo y la mente están muy activos.

Nivel *gamma* de 30 a 100 ciclos/segundo; estado de vigilia. Gran actividad mental y creatividad.

En el estado hipnótico la mente subconsciente recibe las sugestiones de manera directa, sin impedimento por parte de la mente consciente. Se producen diferentes fenómenos sensoriales y psíquicos, el estado hipnótico puede variar desde el trance ligero hasta el trance más profundo.

La autohipnosis es la misma técnica hipnótica aplicada por uno mismo. Tanto la hipnosis como la autohipnosis tienen relación con las técnicas de yoga, relajamiento, concentración, meditación, control y programación mental, imaginación creativa, sugestión y afirmaciones positivas. En ambas técnicas se busca pasar de las ondas *beta* de vigilia a las ondas *alfa* de relajamiento y concentración, y a las ondas *theta* relacionadas con las ensoñaciones.

RELACIÓN DE LA MEDITACIÓN, LA HIPNOSIS Y EL SUEÑO CON LOS NIVELES CEREBRALES

RELAJAMIENTO, preparación del trance, nivel de vigilia, nivel cerebral Beta.
CONCENTRACIÓN, inducción hipnótica, amplitud mental, nivel cerebral Gamma.
MEDITACIÓN, trance ligero, tranquilidad, nivel cerebral Alfa.
CONTEMPLACIÓN, trance profundo, ensoñaciones, sueños, nivel cerebral Theta.
CONTEMPLACIÓN, sueño profundo, nivel cerebral Delta.

(Tomado del libro *Programación mental con*

Hipnosis del mismo autor RLM)

En este esquema comparativo podemos ver la relación directa de la meditación y la hipnosis, el sujeto se encuentra en el estado *beta* de funcionamiento cerebral, o estado de vigilia, comienza a relajarse y a entrar en un nivel de concentración mental, de aquí se pasa al estado *alfa* de las ondas cerebrales, que es un estado de trance, entre el nivel de vigilia y el de sueño con ensoñaciones, la meditación es un estado de concentración prolongada, la hipnosis es un estado de trance consciente, aquí nos encontramos en lo que se conoce como un trance ligero, si continuamos el estado meditativo llegaremos a profundizar en nuestra conciencia a un nivel de contemplación, y en la técnica de la hipnosis, si profundizamos el trance llegamos en ambas técnicas al nivel *theta* de las ondas cerebrales, que corresponde también a cuando un individuo dormido está soñando, se puede comprobar esto por el movimiento rápido de los ojos. En el caso de un sujeto dormido, puede alcanzar luego el sueño profundo sin ensueños, que es cuando realmente descansa y se recupera el organismo, y en el cerebro corresponde a las ondas *delta*.

El tratamiento de la hipnoterapia es uno de los instrumentos de aplicación más efectivos que he encontrado en mi práctica profesional como psicoterapeuta integral, se aplica a una infinidad de casos y pacientes, y muchas veces es un complemento a cualquier método empleado para ayudar a los pacientes.

Algunas aplicaciones generales de la Hipnoterapia son:

Enfermedades psicosomáticas
Trastornos psicológicos
Crisis existenciales
Mejoramiento personal
Relaciones interpersonales
Búsqueda transpersonal

Y de manera más específica podemos mencionar los siguientes:

Mejoramiento de la salud
Nerviosismo y estrés
Sustos, miedos, pánico y fobias
Tristeza y depresión
Ira, odio y resentimientos
Ansiedad, angustia y desesperación
Actitud mental negativa
Control del carácter
Complejos y traumas
Timidez, apocamiento
Tendencias suicidas
Pérdida de seres queridos
Control del peso
Disfunciones y desviaciones sexuales
Problemas de pareja y familiares
Problemas en el trabajo y económicos
Orientación vocacional
Plan de vida y carrera
Desarrollo personal y transpersonal
Regresiones

Pasos dentro de una **sesión de Hipnosis en psicoterapia**:

1.-Entrevista
2.-Motivo de la consulta
3.-Diálogo terapéutico
   Estos tres pasos son parte de la psicoterapia en general. Aquí definimos que tipo de intervención vamos a realizar.
4.-Relajamiento consciente
5.-Música de fondo.
   Estos dos pasos se realizan también si vamos a practicar ejercicios de visualización, meditación dirigida o terapia de ensueño.
6.-Trance hipnótico
7.-Etapa sugestiva
   Estos dos pasos son exclusivos de la hipnoterapia.
8.-Visualización
9.-Captaciones
   Estos dos niveles dependen del paciente y del tipo de ejercicio de hipnosis que se esté practicando.
10.-Comentarios finales
   Es conveniente cerrar siempre con los comentarios al terminar la sesión.

Ejercicios de hipnosis:

1.-La mano levantada y la imagen ideal.

Se le pide al sujeto mantener un poco levantada una de sus manos, para que luego mediante la sugestión, su propia mente subconsciente la baje, y así lograr el estado de trance hipnótico.

Habiendo logrado lo anterior, se realiza un ejercicio de visualización, para alcanzar el ideal que el consultante desea lograr con las sesiones de psicoterapia.

2.-La mirada fija y la cueva.

Se trata de pedirle al sujeto estar viendo un punto en el techo fijamente, poco a poco se van cansando sus ojos, y se le sugiere que cuando esté cansado los cierre, y al hacer esto va a entrar en un trance hipnótico profundo.

Logrado lo anterior, se hace un ejercicio de visualización, donde el sujeto se imagina entrando en una gruta, bajando una escalera de piedra, y llegando a una sala amplia, aquí se le deja para que comience a captar, formas, colores, imágenes, lo que su subconsciente le quiera trasmitir. Que luego se analizará para obtener de esta experiencia la enseñanza deseada.

3.-Manos unidas y el barco hundido.

Se le pide al paciente tenga las dos manos frente a frente, a cierta distancia y a la altura del pecho, luego con sugestiones, su mente subconsciente va a mover las manos hasta juntarse, cuando esto suceda, entra en un trance hipnótico.

Entonces se le guía a imaginarse en una playa, y dejarse llevar hacia el fondo del mar, sin peligro alguno, hasta llegar a un barco hundido, aquí se le deja con su propia mente subconsciente que comienza a captar cosas especiales en el barco, y sobre todo traerse un cofre cerrado. Cuando regresa a la playa lo abre, y lo que vea será un mensaje de su mente interna, que posteriormente vamos a analizar juntos para obtener la enseñanza correspondiente.

4.-La cuenta regresiva y el retorno consciente.

Le contamos al paciente del diez al cero, para inducir el trance hipnótico, ya logrando lo anterior, lo llevamos al pasado, regresando por períodos cortos de tiempo, hasta llegar a la infancia, y luego al nacimiento actual. En este proceso, se le pide observar todos los detalles de esta regresión, para poder trabajar con la información obtenida de su subconsciente, cuando ya retorne al plano consciente de su mente.

5.-Frotar tres dedos y venciendo obstáculos.

Para inducir el trance se le ayuda al paciente a relajarse, y luego se le pide frotar tres dedos de una de sus manos, pulgar, índice y medio, y se le da la sugestión de que al hacer esto va a entrar en un trance hipnótico. Cuando ya lo ha logrado se le van mencionando una serie de obstáculos y limitaciones, que previamente él mismo, había escrito, y se le pide que vaya trasmutando cada uno de ellos, hasta triunfar y lograr sus objetivos concretos.

6.-La clave de la autohipnosis y las metáforas.

Antes del ejercicio se le pide al paciente elija una palabra especial para él o ella, que quiera luego usar para entrar en autohipnosis, también que forme una metáfora (pequeño relato) que tenga relación con lo que quiere lograr en la terapia, o en su vida en general.

Se le induce el trance con un ejercicio de relajamiento, y el uso de la palabra especial, se le da una sugestión posthipnótica, para que luego pueda inducir el trance en su casa, a voluntad, luego se le menciona la metáfora para que su mente subconsciente relacione los símbolos empleados con las necesidades del consultante.

7.-El toque en la frente y buscando respuestas.

Antes del ejercicio se le pregunta al paciente sobre preguntas o cuestionamientos que tenga y que quisiera saber de su mente interna. Se le induce el trance con un relajamiento consciente y con sugestiones positivas se le dice que, al tocar su frente, entrará en un trance mas profundo, donde podrá comunicarse con su mente interna, subconsciente. Cuando ya lo logró se le mencionan sus preguntas o dudas, y se le pide que hable en nombre de su mente interna, lo que esté captando de lo que desea conocer o saber.

8.-Escalera eléctrica y sugestiones positivas.

Se le ayuda a relajarse y luego se le pide que se imagine en la parte alta de una escalera eléctrica, y comience a bajar lentamente, al ir haciéndolo, entrará en un trance profundo y reparador. Luego se le mencionarán una serie de sugestiones positivas que el mismo paciente nos comunicó antes de la sesión.

Nota: En estos ejercicios de hipnosis, utilizo varias técnicas combinadas, por ejemplo, ejercicios de relajamiento, con diferentes tipos de respiración, las técnicas para inducir el trance, y lo que queremos producir en la mente del paciente cuando ya esté en trance. Esto es porqué son parte de un curso que he impartido para enseñar a utilizar la hipnosis. Se puedan hacer diferentes combinaciones, como siempre depende mucho de la creatividad del terapeuta y del tipo de paciente, o del caso específico que estemos manejando.

"El manejar diferentes técnicas terapéuticas en lugar de una manera única de tratar a todos los pacientes, permite una mayor amplitud al prestar nuestros servicios profesionales, vuelvo a mencionar que este paradigma integracionista se está desarrollando en un mayor número de psicoterapeutas, debido al éxito de sus intervenciones, los autores mencionados y muchos otros que en este momento escapan a mi memoria lo recomiendan, en lo personal en los años que tengo de trabajar como psicoterapeuta, he ido evolucionando de tal manera de verificar que cada caso es diferente, y aún cuando hay algunas directrices en común con todos los pacientes, como las entrevistas y el diálogo terapéutico, sin embargo la intervención en cuanto a la manera de ayudar a cada paciente se convierte en un trabajo personalizado, y muchas veces único en su especie. Con algunos pacientes la labor es de auditación, de escucha activa, con otros hay recomendaciones, orientación y asesoría psicológica, algunos casos ameritan hipnosis, o ejercicios de visualización, mientras que con ciertos pacientes los ejercicios vivenciales son muy eficaces, y las tareas para llevar a casa. En fin cada paciente es un caso muy especial y como tal hay que abordarlo, siempre pensando

en su bienestar y salud integral. Como conclusión de este capítulo: Mi recomendación es mantener una postura centralista equilibrada, con un paradigma de integración, respetando las ideas y enfoques de cada cual, siempre con la intención de ayudar y servir desinteresadamente a los demás".
(Rolando Leal Martínez: *El sendero de la paz y la armonía interior*. Psicología práctica).

CASOS CLÍNICOS

A continuación, voy a compartir algunos casos de pacientes que he atendido en mi consultorio de psicoterapia integral, los he escogido de entre muchos que tengo en mis anotaciones, porque de alguna manera asistieron a sus consultas periódicamente, y además son consultantes que lo que vinieron a tratar era más o menos complejo, es decir, en su situación como pacientes, sus casos revisten varias áreas de interés para la psicoterapia.

Fobia a los perros

Una de las primeras experiencias que recuerdo en el campo de la Psicoterapia, se relaciona con una señora casada y con hijos, que me fue referida por una *psicóloga* que en ese entonces trataba solamente a *niños* (1), el problema de la señora era que no podía ver perros, ya que cuando esto sucedía, sentía una especie de angustia y ansiedad que no podía controlar, y tenía que lavarse las manos compulsivamente.
En la entrevista inicial me enteré de que no solamente su *fobia* (2) era para con los perros que veía, sino incluso que no podía ver fotografías o películas, incluso caricaturas de estos animales, ni siquiera peluches o modelos a

escala de cualquier tipo de perro, sin sentirse muy mal, sin poder controlar sus emociones negativas.

La idea para poder ayudar a esta persona era que de manera gradual enfrentarla a su objeto de fobia, que en este caso eran los perros. Pensé en una especie de *desensibilización sistemática* (3) de su fobia.

Para ello, primero utilizaría la imaginación de la señora, para irla acercando a su temor, partiendo de ello, la ayudé a relajarse en un sillón descanset de mi consultorio.

"Cierre sus ojos..., y comience a observar su cuerpo desde la cabeza hasta los pies..., sienta la respiración, como entra y sale el aire de sus fosas nasales..., y en cada exhalación su cuerpo se va relajando más y más profundamente..."

Luego comencé a darle algunas ideas y sugestiones positivas (4) de bienestar general:

"Cada día se va a sentir mejor y mejor en todos los aspectos, cada día se va a armonizar con su verdadero ser..., usted va a poder imaginar sintiéndose muy bien, lo que yo le pida que se imagine..., etc."

Posteriormente cuando ya estaba relajada, le pedí que se imaginara en un lugar muy especial para ella, donde se sintiera muy bien. Y continué con *afirmaciones positivas* (4) para fortalecer su fuerza de voluntad, su pensamiento y sus emociones positivas.

"Ahora va a regresar a su estado normal de conciencia sintiéndose muy bien, en paz y en armonía, respire profundo tres veces, sienta su cuerpo de los pies a la cabeza, y cuando esté lista abre sus ojos".

Cuando ya terminamos este ejercicio, hablamos de cómo se había sentido, y lo que había experimentado durante la sesión.

Por medio del *relajamiento consciente* (5), se logra disminuir la ansiedad y la angustia, la persona descubre una energía personal, con la cual no está conectada conscientemente, ahora por medio de este ejercicio, pudo descubrir, esta capacidad natural, que le serviría para las siguientes sesiones.

Hasta aquí terminamos la sesión.

En las siguientes consultas, iniciamos siempre con la entrevista para saber lo que había pasado en el transcurso de los días entre una sesión y otra, cualquier acontecimiento es importante revisarlo y valorarlo, al igual si la persona nos platica algún sueño o idea que haya pasado por su mente.

Ahora la señora ya nos tenía confianza, porque descubrió que se sintió muy bien en la consulta anterior gracias al ejercicio de relajamiento.

Luego continuamos con el proceso de desensibilización, primero en la imaginación, le explicamos a la paciente nuestra intención, y verificamos que estuviera de acuerdo en el proceso, esto es muy importante, nunca un terapeuta debe de imponer ningún tipo de práctica o idea que pueda ser molesta o nociva para el paciente.

Hicimos varios intentos de que la señora ya relajada, pudiera imaginar un dibujo o foto de un peluche de un perro... Y le dimos sugestiones positivas para poder enfrentar esta imagen sintiéndose muy bien...

"La persona se relajó como la vez anterior, ya relajada le dijimos:
Usted va a poder imaginar ese dibujo o fotografía, sintiéndose muy bien..., usted puede hacerlo..., recuerde su lugar ideal de relajación... y sienta la respiración..., con cada inhalación se llena de valor y fortaleza, y con cada exhalación se relaja más y más..., ahora imagine la foto o el dibujo..., va a poder hablar perfectamente bien durante el ejercicio, sin abrir los ojos y sintiéndose muy bien..., ¿cómo se siente ahora?...
La persona describe sus sentimientos...
¿Puede ver la imagen del perrito?...
Describe la escena...
¿Qué siente ahora?...
Habla al respecto...
La ayudé a salir del estado de relajamiento."

Y así fuimos avanzando en este proceso, en otras sesiones, seguimos interactuando en las entrevistas previas, para ir modificando sus esquemas mentales sobre su estado, sus sentimientos y su imagen que tenía de los perros.

También viajamos a su niñez, para recordar algo en su infancia que estuviera relacionado con este miedo. Descubrimos algunos sucesos recientes, y algunos de la infancia, se trabajaron cada uno de ellos, con los recuerdos en estado de relajamiento, y cambiando su marco de referencia, de tal manera de poder hablar de los sucesos sin afectación alguna. En muchos casos de fobias, los recuerdos perdidos de la infancia juegan un papel preponderante en la instalación del *trauma* (6) o de la ansiedad.

En su proceso de mejoramiento, podía hablar mejor acerca de los perros, ver fotografías o peluches sin sentir nada anormal.

Posteriormente ver perros en la vida real, sin tener ansiedad ni impulsos compulsivos.

Todo esto sucedió en varias sesiones, en cada una de ellas íbamos avanzando gradualmente, primero con su imaginación, luego visualmente, hasta que con el tiempo pudo ver perros cerca de ella, sin sentir nada raro y, por último, hacer que desapareciera su ansiedad y necesidad de lavarse las manos, cada vez que veía un perro.

(1) *Psicóloga infantil,* es la especialista que se enfoca en el trabajo con niños exclusivamente, puede ser desde el punto de vista educativo, de problemas del habla, de salud psicológica, o de comportamiento familiar o social.

(2) *Fobia,* es un trastorno emocional o psíquico, que se caracteriza por un miedo intenso, irracional y desproporcionado ante objetos o situaciones específicas.

(3) *Desensibilización sistemática,* es la aproximación sucesiva del sujeto hacia la situación que le desencadena un trastorno de la conducta o cognitivo. Se utiliza está técnica en la terapia conductista.

(4) *Afirmaciones positivas*, son repeticiones de ideas o conceptos que ayudan al individuo a mejorar su estado de ánimo, y la confianza en sí mismo.

(5) *Relajamiento consciente*, método de relajamiento inducido por otra persona en el cual se busca que el sujeto se encuentre despierto, durante el ejercicio.

(6) *Trauma*, concepto que se refiere a una experiencia perturbadora, con una gran carga emocional, que se vivió con intensidad en un suceso doloroso o dañino.

Desarmonía con su esposo

El siguiente caso se trata de una señora casada, tenía tres hijos, una hija casada y dos hijos con novias en planes de casarse, me reportó en varias sesiones su situación matrimonial y familiar, se sentía como fuera de lugar, ya que los hijos no la requerían como cuando estaban pequeños, la que si la buscaba más era la hija casada para que la ayudara con sus hijos.
La relación con su esposo no marchaba como ella quería, ya que él era muy independiente, le gustaba practicar deportes y jugar con sus amigos en un club deportivo. Además, dormía en el día, y jugaba cartas en las noches. Así que sus horarios eran muy diferentes.
Parece ser que a él esto no le importaba, ya que le decía a ella que viviera su vida, que él era feliz así, y no quería cambiar, se había acostumbrado a su insomnio nocturno, y por eso dormía en el día, y cómo ya había trabajado mucho, tenía

negocios que funcionaban en automático, podía darse el lujo de vivir así.

Cuando él la invitaba a ella a que fueran a jugar, o a viajar donde hubiera casinos, ella no quería, ya que deseaba otro tipo de vida.

Después de revisar su propia historia, desde la infancia y su relación con sus padres, descubrimos que su mamá había tenido amoríos fuera del matrimonio, sin que el papá lo supiera, pero ella la hija sí lo sabía o lo intuía. Y esta situación le molestaba mucho y por ello no pasaba por su mente, el buscar otro hombre que fuera como ella quería. Tenía muy arraigados valores de respeto y fidelidad, que le impedían tomar cualquier decisión que la hubieran liberado de la situación matrimonial que vivía y sufría.

Hacía tres años había tenido ataques de ansiedad, y casi siempre se sentía como enferma. Podríamos entonces relacionar su estado emocional con su situación matrimonial y familiar. Y dos meses antes de venir a terapia, murió uno de sus cuñados, lo cual fue la gota que rebasó su vaso demasiado lleno de temores y frustraciones personales.

Hablamos de la relación mente-cuerpo, cómo todo lo que pasa en la mente afecta al organismo, y todo lo que sucede en el cuerpo afecta la mente. Cómo los pensamientos mueven emociones, las cuales activan energías que mandan señales al cerebro para que éste al reaccionar a estas genera substancias relacionadas con dichas energías emocionales. Esto es el factor *psicosomático* (1), de la mente al cuerpo; revisamos también el otro enfoque, de qué manera las substancias en el organismo, por lo que comemos o procesamos en el cuerpo, generan energías que, a su vez, mueven emociones que activan pensamientos relacionados con lo anterior, y esto es el aspecto *somatopsíquico* (2), del cuerpo a la mente.

En otras sesiones comenzamos un proceso de estabilización emocional y energética, mediante ejercicios de relajamiento dirigido.

Posteriormente iniciamos ejercicios de *hipnosis* (3) curativa, como la técnica de *la mano levantada* (4), incluyendo sugestiones positivas para modificar sus estados de ánimo, incluimos ejercicios como el de *la caja con globos* (5).
La idea de estas prácticas es que ella primero pudiera encontrar su paz interior, su armonía y estabilidad emocional, con total independencia de lo que hiciera su esposo y su familia. Luego comenzaríamos un proceso de autodescubrimiento, mediante *regresiones hipnóticas* (6) y el *diálogo terapéutico* (7).

Más adelante la ayudamos a encontrar su misión personal en la vida, es decir, aquello que quiere hacer por sí misma, no en su función de esposa y madre, sino como persona independiente, de esta manera fue descubriendo que quería hacer después que sus hijos solteros se casaran, y se fueran de la casa.
Decidió por una parte tomar cursos de preparación en diversas áreas, y entrar a un

programa de *familias anónimas* (8), luego atenderse sus problemas de salud física, mientras seguía con la psicoterapia, ya que está conectando lo que ha vivido y está viviendo ahora con su familia, con sus problemas de salud y de desarmonía.

Después se armó de valor y se fue sola a unas vacaciones terapéuticas, es decir, a una especie de retiro en un hospital naturista, donde pudo estar sola después de tantos años de matrimonio, dedicándose tiempo y atención a ella misma, siempre en armonía y acuerdo con su familia y esposo, puso un negocio, y siguió tomando cursos de superación personal. Luego se preparó para ser instructora de cursos, y más tarde hasta su esposo comenzó a asistir a las sesiones, sin necesidad de forzarlo, ni tener conflictos entre ellos.

En una sesión de hipnosis regresiva:

"Relajamiento consciente, contar del 10 al 0...
Imaginarse bajando una escalinata, y luego llegar a un edificio, y a un recinto con muchos espejos, para entrar a su pasado... No capta nada...

De pronto recuerda escenas de su niñez actual, como de 8 años jugando contenta, con uniforme de la escuela. Se enojó con su profesora y con su mamá.
Luego otra escena como de 5-6 años enojada porque no quería que le tomaran una foto.
En otra escena su mamá joven con ella en brazos como de 1 año, se siente feliz su papá la lleva con sus amigos.
Su mamá tiene miedo está embarazada de ella, porque su papá quiere un niño, no una niña, por eso la mamá tiene miedo de su esposo.

Veo a mi mamá muy alegre, embarazada de mí, haciendo cosas, tengo miedo hay discusión entre mi papá y mi mamá, me siento Yo, pero no tengo forma".

Todo lo que aparece en las sesiones de hipnosis nos dan material para reflexionar sobre el contenido del subconsciente (9) y de la mente interna (10), y le permite al sujeto comprender muchos de sus comportamientos y estados de ánimo. Para posteriormente procesar esa información en su mente consciente y poderla actualizar de una manera adecuada y eficiente en su vida actual.

Aprendió a soltar y perdonar, y sobre todo a no esperar nada de los demás, dejarlos libres para que ellos sean como quieren ser, y asimismo ella, lograr lo mismo, encontrar su lugar en el mundo y aprender a ser feliz con lo que se tiene.

(1) *Psicosomático*, la relación de los procesos mentales con lo orgánico o somático.

(2) *Somatopsíquico*, la relación del cuerpo (soma) con la mente (psique).

(3) *Hipnosis*, sistema para producir estados alterados de conciencia, en los cuales podemos dar sugestiones positivas al sujeto, para incluir en su mente subconsciente e interna.

(4) *La mano levantada*, técnica de hipnosis, en la cual se le pide al sujeto que tenga levantada la mano al iniciar el ejercicio, y luego pedirle a su subconsciente, que la baje lentamente, de manera automática, mientras la persona se va relajando gradualmente, por medio de estas

técnicas se induce el estado de trance en hipnosis.

(5) *Caja con globos*, ejercicio que se puede utilizar en hipnosis o en visualización creativa, para que el sujeto imagine que mete en la caja todos sus problemas, la cierra y le amarra unos globos llenos de helio, que elevan la caja y la transportan a las alturas, alejando los problemas de la persona. Al mismo tiempo que se le dan sugestiones positivas de bienestar y liberación emocional.

(6) *Regresiones*, técnica de hipnosis mediante la cual el sujeto viaja en el tiempo de su mente al pasado, para sanar escenas de conflicto guardadas en sus archivos de memoria.

(7) *Diálogo terapéutico*, el inicio de toda sesión de psicoterapia integral, que junto a las entrevistas, se va dando de acuerdo a la información que el sujeto va proporcionando, o a las respuestas que el individuo aporta a las preguntas del terapeuta.

(8) *Familias anónimas*, programa semejante al de alcohólicos anónimos, donde se reúnen familiares de personas con adicciones: alcohol, tabaco, drogas o juego.

(9) *Mente subconsciente*, nivel mental que se encuentra por debajo del plano consciente de la mente del individuo.

(10) *Mente interna*, es una parte de la mente, que se relaciona con lo subjetivo, en contraposición de la mente externa, objetiva y consciente. Recomendamos la lectura de nuestro libro: *La mente interna*.

Casi un noviazgo

Vino a consulta una joven de 28 años soltera, me platicó de un supuesto noviazgo con un amigo, que se había dado más por internet que en la realidad física, pero que sin embargo, el recuerdo de este joven la tenía anclada en el pasado, esa relación se había terminado hace cinco años, y en realidad no habían sido novios realmente, más bien amigos que se pretendían, o al menos ella así lo veía, quizá él no, ya que salía con otras chicas, al mismo tiempo que conservaba su amistad con ella. Luego parte del tiempo en que se conocieron. Él se fue a Texas a estudiar y trabajar. Y ella seguía pensando en él, y no se daba permiso de salir con otros jóvenes, y de seguir con su vida plenamente.

Me comentó: "Me perdí por enfocarme en él. Me siento deprimida".
Tenía un trabajo regular, y quería seguir estudiando, pero no tenía ánimo ni voluntad para hacer nada más.
Le pedí hacer un ejercicio basado en *PNL* (1), creando un estado de *poder y excelencia* (2).

"De pie, enderezar las piernas, poner firmes los pies en el suelo, buscar una posición de los brazos y manos que te den seguridad y poder, espalda derecha, la mirada al frente con determinación y firmeza, y aunque no tengas ganas marcar una sonrisa en tus labios..."

En este estado le doy algunas afirmaciones positivas, para fortalecer su estado *psicofísico* (3). Después de un instante comienza a llorar, y rompe el estado...

En vista de lo anterior, le aplico el *ejercicio del espejo* (4), me pongo frente a ella, y le pedí que observase mi mano derecha que voy colocando en diferentes partes de mi cuerpo:

"Coloqué mi mano arriba de mi cabeza, y le pregunté: ¿cómo te sientes ahí? (arriba de su cabeza), me dice que mal, y muevo mi mano como sacudiendo las ideas o la energía arriba de mi cabeza, y le volví a preguntar: me contestó que mejor, lo volví a hacer otra vez y le pregunté nuevamente, hasta que me dijo que se sentía bien.
Seguí con la frente..., luego con la garganta o cuello..., luego con el pecho-corazón..., después con el abdomen o plexo solar..., por último, con el bajo vientre..." (5)

Cuando ya verifiqué que se calmó, nos sentamos a platicar sobre esta experiencia.
En próximas sesiones revisamos su vida, desde antes de su relación de noviazgo, para verificar su tipo de personalidad y porqué le había afectado tanto esta situación.
Aplicamos ejercicios de relajamiento para aliviar el estrés, y para que se pudiera conectar con algo más profundo de su propio ser, y así pudiera extraer de su interior lo que necesitaba en esta etapa de su vida.

Ejercicio de *visualización* (6) de la *luz curativa* (7).

"Relajamiento de los pies a la cabeza, estando en relajación le pido que visualice o imagine una luz que viene de lo alto y penetra por la cúspide de su cabeza, iluminando su cerebro, con todas sus partes y conexiones, limpiando su banco de memoria y recuerdos, mejorando su razonamiento e inteligencia, para poder pensar con mayor claridad y discernimiento, le pido que imagine que en el centro de su cerebro hay una zona que se relaciona con todo lo emocional, con los sentimientos, y que imagine como la luz curativa sana su centro de emociones, y como se va sintiendo mejor y mejor cada vez, con mayor confianza y seguridad en ella misma, como va a poder manejar su mundo personal como ella quisiera hacerlo, para seguir adelante con su vida con éxito, entusiasmo y determinación... Luego la luz curativa, ilumina su rostro en todas sus partes, su cuello, pecho, abdomen, bajo vientre, espalda en toda su extensión, brazos, manos, cintura, caderas, piernas y pies...

Ya que salió de este estado, platicamos sobre su vivencia, y cómo estos ejercicios la van a ayudar a sentirse mejor cada vez. Me platicó más cosas de lo que ha vivido...

En otra ocasión, que me platicó de algo negativo que vivió, le sugiero trabajarlo con el siguiente ejercicio de *colapsar* (8) mano derecha sobre izquierda.

"Sentada con los ojos cerrados, piensa en el suceso negativo que quieres eliminar de tu conciencia, imagínate el suceso, no tienes que platicármelo, solo piensa en ello, y baja las imágenes desde tu cabeza hasta tu mano izquierda, como si fuera una energía que quieres mover mentalmente, luego lo que sientes sobre ese suceso, mueve esas sensaciones de tu abdomen y pecho, hasta tu mano izquierda pasando por tu hombro y brazo izquierdo.

Abre tus ojos... Y ahora vas a pensar en tres sucesos muy positivos que hayas vivido en tu vida, de preferencia cosas que hayas logrado y que te hayan dado mucha satisfacción... No tienes que platicármelos, solo piensa en ellos y dime si ya los tienes en tu mente, cuando yo te diga cierras tus ojos y comienza a trasladar la energía mental y emocional del primer recuerdo de tu cabeza y abdomen-pecho hasta tu mano derecha ahora, sin abrir los ojos continua con los otros dos recuerdos positivos, llevándolos hasta tu mano derecha... Cuando ya termines con los tres sucesos, abres los ojos... No juntes tus manos... A continuación, respira profundo y golpea tu mano derecha sobre la palma de la mano izquierda tres veces, nuevamente toma aire y vuelve a golpear tres veces, por última vez has lo mismo... Sacude tus manos..."

Descubrimos que de niña se asustaba mucho al escuchar a su mamá decir que no quería vivir, en alguna ocasión que peleaban sus papás, ella entró a defender a su mamá y su papá la golpeó, y sintió mucho miedo e impotencia.
Trabajamos este suceso, con una regresión a esa edad, utilizando la hipnosis, luego que narró el suceso como ella lo recordaba, le pedí que lo reviviera, pero ahora de manera positiva, es decir cambiando algo las escenas, para que el resultado fuera positivo para todos, usando su *imaginación creativa* (9), recreó el suceso de forma constructiva y benéfica para todos.
Seguimos trabajando con ella, se dio permiso de salir con otros jóvenes y con amistades y cambió de trabajo.

Pasado un tiempo decidió ir a estudiar inglés al extranjero, y consiguió la manera de hacerlo. Comenzó una nueva aventura en su vida, se quedó a trabajar y vivir en aquel país.

Después de varios años, regresó de vacaciones y me platicó como estaba ahora su vida. Lo que había conseguido y con lo que seguía trabajando en su proceso de desarrollo personal y profesional.

(1) *PNL.* Programación Neurolingüística, sistema de transformación creado por Richard Bandler y John Grinder alrededor de 1970.

(2) *Estado de poder y excelencia,* ejercicio basado en PNL, donde la persona puede cambiar un estado emocional y mental.

(3) *Psicofísico*, lo relacionado a la relación entre la mente y el cuerpo físico.

(4) *Ejercicio del espejo* o de liberación, basado en PNL.

(5) Los puntos o zonas que se manejaron en este ejercicio corresponden a centros de energía o *chakras*, según la filosofía del Yoga.

(6) *Visualización*, método utilizando la imaginación dirigida para obtener resultados positivos en nuestra vida.

(7) *Luz curativa*, ejercicio de visualización para provocar cambios en los procesos psicofísicos del individuo. Este tipo de ejercicios se practican en algunas escuelas de Metafísica.

(8) *Colapsar* mano derecha sobre izquierda, basado en PNL. Eliminar cargas afectivas o recuerdos dolorosos con energía positiva de recuerdos de éxito y felices.

(9) *Imaginación creativa* o visualización.

Situaciones conflictivas

Joven mujer de 20 años, me la recomendó una tía de ella que me conocía como maestro de yoga. Vive con su mamá, uno de sus hermanos (18 años) se suicidó hace un año, Un primo de ella acaba de morir en un accidente de autos. El papá vive con otra mujer y ya tiene dos hijos pequeños con ella. Frases de ella:

"Ya casi no lloro; me desespero, pienso mucho en las cosas que han pasado".

Le preocupan mucho sus espinillas en la cara, muy *introvertida* (1), muy seria, no es sociable. Batalla en los estudios, divaga mucho, se acuerda de su hermano que murió, tiene otro hermano agresivo, fue drogadicto (21 años). Su papá tenía 18 y su mamá 17 cuando se casaron, su papá llegaba borracho y los golpeaba, cuando ella tenia 7 años el papá se fue de la casa.
Diálogo terapéutico.
Le recomendé un curso de meditación.

Comenzó a pensar más positivamente, consiguió una beca en la escuela, se está dando cuenta del pensamiento positivo, pasó todas las clases en primera y con buenas notas.
Conoció a un joven que la busca, pero no sabe como tratarlo.
Piensa mucho en lo de su papá y su hermano, se deprime y no habla, no puede socializar.
Entró a trabajar a la Cruz roja, me comentó:

"Desde que vengo aquí como que quiero hacer muchas cosas, como que tenía un vacío y lo estoy llenando, ya no quiero ser víctima".
Le fue mal en unas clases, y se sintió deprimida. Hicimos un ejercicio de visualización:

"De pie, sentirse como está ahora...
Dar un paso al frente, y crear estado de excelencia y poder... (pies firmes, espalda derecha, mirada al frente y una sonrisa) ...
Otro paso y le doy sugestiones positivas de sentirse bien...
Otro paso al frente y le refuerzo su autoestima y valor personal..."

En otra sesión me platicó que ya no se queja tanto, se dejó crecer las uñas, se las mordía con los dientes, y le di una clave para no hacerlo:

"Cada vez que te des cuenta de que te estás mordiendo las uñas con los dientes, te detienes en ese momento, y dejas de hacerlo, no importa lo que sientas. Y así tantas veces sea necesario, hasta que instales un nuevo hábito mental, puedes llevar contigo un cortauñas, para que te puedas emparejar las uñas cuando pase esto".

Me comentó que se pone nerviosa cuando da clases, hacemos un ejercicio de *programación mental* (2):

"De pie, en su estado normal, pensando en los nervios al dar clase o pasar al frente...
Cambiar de lugar ojos cerrados crear estado de excelencia, tocarla en la muñeca de su mano izquierda, tres veces...
Cambiar de lugar, concentrase ella sola, y tomarse de la muñeca izquierda.

Imaginarse en una escena futura, sintiéndose muy bien al dar clase o pasar al frente del salón..."

En otra consulta vuelve a comentar en el *Diálogo terapéutico*, sobre su papá y su familia. Le pido hacer el ejercicio de la *silla vacía* (3):

"Acomodamos dos sillas una enfrente de la otra, ella ocupó una de las sillas, y la otra quedó vacía...
Le pedí imaginar a su papá en la silla vacía, y que se imaginara hablando con él, en voz alta... Así lo hace con un gran sentimiento...
Luego ella se pone en el lugar del papá sentándose donde se había imaginado que él estaba sentado, y hablando como si fuera su papá con ella...
Después seguimos con su mamá... en las dos posiciones, como ella hablando con la mamá, y como si ella fuera la mamá hablando con ella...
Continuamos con los dos hermanos el que vive y el que ya murió, siguiendo el mismo procedimiento..."

Fue muy liberador para ella, sacar todo aquel sentimiento guardado por años, en relación con los miembros de su familia.

En otra cita me platicó que se ha sentido mejor, está dando clases en la Cruz roja, pero a veces está como distraída. Después de platicar sobre lo que ha vivido últimamente, hacemos el siguiente ejercicio de *cambio de escena* mental (4):

"Cuando me platica de un suceso que no le gustó, como el estar distraída en su trabajo, detengo la escena de su conversación, y le pido que cierre los ojos y mejore la escena, platicándome como le hubiera gustado que pasara aquello, y así lo hace...

Este ejercicio lo repetimos varias veces, en esta sesión mientras me platicaba cosas que le habían pasado y que no le habían gustado del todo... Haciendo el cambio consciente de escena mental..."

Lo que se ha estudiado del nivel subconsciente de nuestra mente es que no vive en sí de la realidad objetiva y tangible, sino de nuestras percepciones de esa realidad, por lo que, si cambiamos nuestras percepciones, podemos transformar nuestros estados mentales y conductuales. Y de esta manera el subconsciente y su banco de memoria, guarda una nueva versión más positiva de lo que hemos vivido o percibido de la vida. También se dice que cuando el subconsciente tiene dos versiones de un mismo recuerdo, escogerá de manera natural el mejor, de acuerdo con una ley o principio de evolución o desarrollo *teleológico* (5), es decir que busca una finalidad positiva y benéfica, tal como la Naturaleza actúa siempre para un fin mayor.

(1) *Introvertido*, persona que le gusta estar sola, batalla para socializar, se siente bien con ella misma en el silencio, lo contrario a extrovertido, el que le gusta estar con los demás, no le gusta estar solo, prefiere la socialización. El equilibrio es el atrovertido. Hay que buscar este equilibrio, estar bien solos y sentirnos bien con los demás.

(2) *Programación mental*, técnica de transformación de pensamientos, sentimientos, imágenes de tipo negativo en conceptos más positivos para la persona, utilizando la visualización y sugestiones positivas.

(3) *Silla vacía*, ejercicio tomado de la terapia Gestalt, de Fritz Perls y Laura Posner.

(4) *Cambio de escena mental*, ejercicio para cambiar la percepción que el sujeto tiene de lo que ha vivido, de esta manera le proporcionamos a su mente otra manera de procesar lo que está viviendo en la realidad.

(5) *Teleológico*, (del griego) estudio o tratado de los fines, que se refiere a un fin último, que todo tiende a una finalidad positiva en el universo. El Bien final de la vida.

Problemas psicosomáticos

Mujer joven soltera de 44 años, trabaja en su propio negocio, es diseñadora de modas, vive con sus papás y un hermano soltero. Duró 17 años en una relación con un hombre casado, que luego descubrió que al mismo tiempo que andaba con ella también salía con otra mujer. Entró en depresión desde entonces, han pasado dos años de su rompimiento. Padece de insomnio, la operaron de un *mioma* (1), y siente algo en el esófago (una úlcera). En el tiempo que estuvo con su amante, se embarazó y abortó, y esto la ha afectado muchísimo desde entonces. Muy confundida y estresada. Habló con su ex, por teléfono.

"Ahora ya pienso en mí. Ya no quiero seguir con él, pero poco a poco, hablar con él por teléfono para desahogarme".

Tiene mucho coraje con su ex.

"Me he hecho muy miedosa (después de la operación), estoy muy confundida de todo, entes era muy aventada, deseo ser como antes".

Siente miedo de atarse y no poder salir, tiene miedo del matrimonio, ahora siente la libertad, pero no sabe que hacer con ella.

"Me siento insegura, inquieta, nerviosa. Sensación como de nervios en el esófago y el estómago, batallo para poner las ideas en su lugar".

En este caso clínico, pasaron muchas sesiones, y solamente hablábamos de su situación, de su familia, su historia, su infancia, sensaciones y sentimientos, todas las consultas las enfocábamos al *diálogo terapéutico*.
En una ocasión posterior, me platicó que se sentía temerosa de que su ex, la pudiera lastimar o molestar, así que hicimos un *ejercicio de visualización:*

"Ojos cerrados, recostada en un sillón descanset, primero la ayudé a relajarse, luego le pedí que imaginara una coraza de protección a su alrededor, y le di sugestiones positivas de protección, de sentir fuerza y seguridad en ella misma, en la vida, en Dios, luego una petición de ayuda:
"Pido y deseo que＿＿＿＿＿＿ no pueda molestarme, en ninguna forma, lo pido y lo deseo para el bien de todos los seres y en armonía con las leyes de la Naturaleza".

Se va sintiendo mejor, comenzó a ser más productiva, pero todavía tenía recuerdos de dolor de su pasado, que en el transcurso de la terapia comenzaron a surgir en su mente. En una sesión le pedí realizar un ejercicio que le llamamos la *Ley del perdón* (2) basado en Metafísica (3):

"La persona recostada con los ojos cerrados, la ayudé a relajarse primero...Le pedí que repitiera junto conmigo en su mente, las siguientes palabras:
En estos momentos invoco la Ley del perdón por todos los errores que he cometido en mi vida. Me perdono de todo corazón (tres veces).
Luego le pido que se imagine recibiendo una luz sanadora de perdón en todo su ser, y que repita mentalmente:
Yo siento paz, yo tengo paz, yo soy la paz.
Y otras afirmaciones para sentirse bien consigo misma, y con los demás".

Posteriormente, le pedí hacer un ejercicio de *Cambio de historia personal* (4) basado en PNL.

"De pie, le pedí que imaginara una línea en el suelo que representara su línea temporal de vida. Que ubicara el inicio de la línea como su nacimiento actual, y así que fuera definiendo diferentes etapas importantes de su vida, hasta llegar a la edad presente para ella, le pedí que iniciara su trayecto desde el nacimiento y que me fuera describiendo lo que pasaba en su mente al estar recorriendo su línea de vida, fueron apareciendo recuerdos de las diferentes etapas de su vida, ya que recorrió su línea temporal de vida...
La saqué de ahí y la llevé a otro lugar del consultorio, y la ayudé a crear un estado de poder y excelencia, y le sugerí que en su momento presente, ya tiene más recursos, de los que tenía cuando vivió los sucesos que descubrió en el recorrido de la línea de vida, así que le dije: Si pudieras viajar al pasado cómo manejarías esos sucesos, para convertirlos en

situaciones positivas para ti y los demás, (siempre nuestras acciones deben ser positivas y benéficas para nosotros, los que nos rodean y nuestro entorno natural). Cuando ya se encontró preparada, le pedí regresar a la línea del tiempo, y enfrentar con éxito cada situación del pasado, dejando su libertad y creatividad en acción para decidir cómo cambiar los sucesos de negativos a positivos, siempre dentro de las posibilidades reales, de cómo podrían haber sido..."

En otra consulta, le propuse un ejercicio para entrar en trance, tomado de algunas técnicas de Hipnosis, *las manos separadas* (5):

"Me senté enfrente de ella, le pedí que pusiera sus manos una enfrente de la otra y se concentrara en el espacio vacío, entre las dos manos, le dije que, si su subconsciente quería entrar en trance, las manos se iban a mover solas hasta tocarse (*dirigidas por el subconsciente mediante impulsos nerviosos involuntarios*), no pasó nada, insistí varias veces; luego le dije que si no quería entrar en trance, sus manos se iban a separar más, no pasó nada. Le dije: Si las manos no se mueven vas a entrar en trance...y si quería profundizar el trance, las manos se moverían lentamente hasta tocarse...entonces, comenzaron a moverse hasta juntarse...le pedí que cerrara sus ojos y bajara los brazos, luego la ayudé a relajarse más, diciéndole cosas positivas, le pedí al subconsciente crear un estado de excelencia...y comenzó a transformar su expresión del rostro, como si comenzara a sentirse mucho mejor, le seguí diciendo sugestiones positivas de bienestar y entusiasmo, enfatizando la confianza y seguridad...luego la ayudé a salir del trance..."

Nota: *En este tipo de ejercicios de hipnosis, cada persona reacciona de manera diferente, tenemos que estar preparados por si no reacciona como uno quisiera, por ejemplo, en este caso, las manos no se movían al pedirle al subconsciente que lo hiciera, entonces opté por decirle lo opuesto, que si no movía las manos entraría en trance... y funcionó, aquí podemos observar los tipos de personalidad y como reaccionamos ante los eventos de la vida, hay quienes son más dóciles a una petición, y hay quienes son renuentes a reaccionar así, por lo que hay que cambiar la petición, incluso habrá quienes necesiten una orden más directa en lugar de una petición.*

En otra ocasión, me platicó que está tomando pastillas para dormir, y ya le está preocupando que si no las toma no duerme, y me preguntó si la podría ayudar con eso, decido aplicar una técnica de hipnosis: *La mano levantada*, combinado con un ejercicio inspirado de PNL, *la parte creativa y la responsable* (6).

"Ejercicio de trance, le pedí que levantara un poco su mano izquierda, apoyando el codo en el sillón, el brazo en un ángulo de 45 grados, pidiéndole una señal al subconsciente para saber si la comunicación estaba establecida, puede ser un movimiento en su mano izquierda, o en alguno de sus dedos, se estableció la conexión, entonces le pedí a su subconsciente que bajara el brazo, así lo hace, lentamente por impulsos nerviosos involuntarios...Ya estando en trance, le hice la sugestión de que podía hablar en la sesión, perfectamente bien, sin salir de la concentración, le pregunté: ¿Porqué tomas pastillas para dormir? Me respondió: Dormir profundo, descansar y no despertar durante la noche...

Invoqué su parte creativa del subconsciente y le pedí tres opciones para solucionar esto... Me contestó después de un momento: Tés naturales, caminata-ejercicio, pensar en dormir-relajarse. Me dijo que hay miedo de dejar la pastilla...

Le pregunté a la parte responsable del subconsciente, si aceptaba las opciones...Me dijo que no las aceptaba, le dije: ¿porqué no las aceptas? Me contestó: es más cómodo tomar la pastilla, lo otro hay que hacerlo poco a poco...

Le pregunté que si aceptaría recibir una sugestión para dejar las pastillas...Me contestó que si aceptaba...

Le pedí a su parte creativa una palabra clave para repetir y dormir: Me contestó: Paz.

Le dije: Cada vez que repitas esta palabra Paz, vas a dormir cuando tú lo quieras o lo necesites, lo repetí varias veces.

Luego ella repite Paz, muchas veces...

Verifiqué que el subconsciente aceptara esto último, y le pedí a la parte responsable que se encargara de llevarlo a cabo de manera satisfactoria".

Siguió asistiendo a consultas, me comentó que seguía batallando algunas noches para dormir, siempre que esto pasaba, es que algo en el día no había sucedido como ella deseaba. Le recomendé *homeopatía* (7) para dormir, así estuvo varias semanas, hasta que en una sesión me comentó que ya había dejado completamente las pastillas para dormir, siguió un tiempo con los tés de hierbas, y con la homeopatía, luego poco a poco su sueño se estabilizó completamente.

En este caso sus problemas psicológicos se veían
reflejados claramente en malestar físico, y en
situaciones de salud orgánica.

(1) *Mioma*, tumor benigno formado por células
    musculares, mioma uterino.

(2) *La ley del perdón*, ejercicio para ayudar al
    individuo a liberar rencor, odio, ira o
    resentimientos del pasado contra uno mismo o
    contra otras personas.

(3) *Metafísica*, rama de la Filosofía, que estudia lo
    que está más allá de lo material o del nivel
    físico, en la actualidad varias enseñanzas
    encaminadas a elevar a las personas a un nivel
    superior de conciencia, mediante
    conocimientos y prácticas dirigidas.

(4) *Cambio de historia personal*, ejercicio de PNL
    que tiene por objeto reprogramar la mente,
    sobre todo de experiencias relacionadas con
    episodios de dolor emocional o conflictos del
    pasado de la persona.

(5) *Las manos separadas*, técnica para inducir el
    trance hipnótico, se puede hacer con diferentes
    modalidades, el objetivo es ayudar a la persona
    a entrar en el nivel de trance (entre dormido y
    despierto).

(6) *La parte creativa y la parte responsable*, en las
    enseñanzas de PNL, términos utilizados para
    trabajar con el subconsciente de la persona.

(7) *Homeopatía*, medicina derivada de las
    investigaciones del Dr. Samuel Hahnemann en
    1796.

Nota: El autor de este libro estudió un diplomado en
Psicohomeopatía, la homeopatía psicosomática enfocada a
los problemas psicológicos con afectación al organismo.

Posteriormente descubrió el tratamiento de las Flores de Bach, derivado de la homeopatía, y más enfocado a todo lo emocional.

Un caso de transferencia

Casada desde hace 17 años, con cuatro hijos, ella trabaja al igual que su esposo, la relación entre ellos no está funcionando desde hace tiempo, ella es muy trabajadora y él ha tenido problemas con lo económico. Tiene varios años buscando ayuda psicológica, esta es la tercera vez que acude con un psicólogo para arreglar su vida. Principalmente es la relación con su esposo la que no está bien, en segundo lugar, la educación de sus hijos y en tercer lugar su energía para el trabajo. No se lleva bien con nadie de la familia de su esposo.

"Siento que soy rencorosa, desde niña. No me gusta ser dirigida".

Estados de ánimo extremosos, siente miedo de avanzar o progresar. Muy perfeccionista y exigente.

Las primeras sesiones fueron solamente de platicar sobre su vida y sus pensamientos y sentimientos. Diálogo terapéutico, tratando de ayudarla a ver con mayor claridad sus mismas ideas, para que ella pudiera descubrir la razón de su incomodidad.

Después de un mes de su primera sesión, en la quinta consulta me informó que su esposo decidió ir a trabajar a EE. UU., y ahora que él no estaba en la casa, ella se sentía mucho mejor. La relación entre ellos era lo que la estaba perturbando principalmente. Esta separación por motivos económicos se ha presentado como una forma de ayuda indirecta a su tratamiento, y quizá también para su esposo...

Nota*: Esto es muy interesante, es algo que he observado desde que comencé a dar terapias, la ayuda que la persona viene a solicitar se extiende fuera del consultorio, y comienzan a sucederle cosas que van armonizándose con el proceso de sanación. Ya sea que conozca a ciertas personas, o que la inviten a un curso, o que le llegue un libro o un video relacionado con lo que quiere lograr. Es cómo si al pedir ayuda, se abrieran todas las posibilidades para que la persona pudiera resolver su situación de manera integral. Por eso se dice que el Universo, las leyes de la Naturaleza o la ayuda Divina, se manifiestan cuando uno lo pide verdaderamente.*

Ella se siente más tranquila ahora, su meta es mejorar en su trabajo. Me platicó que con su primer psicólogo ella se involucró emocionalmente, y cómo que él también le correspondía en sus sentimientos. En varias consultas el tema de análisis fue su relación amorosa con el psicólogo, no había podido superar esto todavía, a pesar de que dejó la terapia, porque se enemistaron ambos, y luego buscó ayuda profesional con un segundo psicólogo, el cual no se enganchó con ella, solo la trató de ayudar, pero parece ser que no hubo una buena relación profesional psicoterapéutica, quizá porque este psicólogo no le dio por su lado, sino la confrontaba sobre sus sentimientos, no podemos saberlo con exactitud, lo único es que después de algunas sesiones, ella abandonó la terapia, aparentemente sin haber solucionado sus problemas.

En el *psicoanálisis* (1), se maneja el concepto de *transferencia* (2) cuando el paciente se identifica con su terapeuta, o proyecta en él o ella, sus sentimientos inconscientes, puede ser porque el terapeuta representa para el paciente, alguien que es importante, puede ser la pareja deseada, deseos sexuales no confesados, o bien una figura de autoridad con quien nos hemos relacionado en el pasado, uno de los padres o alguien con quien dejamos algo inconcluso, hay muchas formas de transferencia, es muy importante para el psicoterapeuta detectar esto, para poder ayudar a su paciente a resolver la verdadera cuestión que subyace de forma no consciente en sus sentimientos con relación al psicoterapeuta.
Parece ser que esto le sucedió a esta señora con su primer psicólogo, en relación con sentirse enamorada y obsesionada con el terapeuta, de tal manera, que a pesar de haber transcurrido varios años, seguía ligada emocionalmente con esa experiencia.
También se habla de una *contratransferencia* (3) cuando el terapeuta siente lo mismo que el paciente, lo que sucedió en este caso, según la narración de mi cliente.

Luego en otras sesiones tomé nota de sus afirmaciones durante su diálogo:

"Siento que me estoy hundiendo sola en el trabajo. Me siento vacía, sin ganas de nada, no he podido llegar a las metas. Siento que esta situación no va de acuerdo con mi forma de pensar. Soy muy soñadora. Ahora me he comportado muy deteriorada".

Para obtener más información de su nivel sub-consciente, le hago unas preguntas repetitivas, basadas en PNL. El terapeuta pregunta y la paciente debe contestar inmediatamente sin pensar las respuestas, de esta manera se busca que afloren los sentimientos ocultos incons-cientes, para que la persona se de cuenta de lo que está oculto en su comportamiento o en sus procesos mentales.

"¿Con qué propósito te sientes mal? ¿Para qué? Le pregunto esto una vez por cada respuesta. Estas fueron algunas de sus ideas:
Para inmovilizarme. Para llamar la atención. Para venir al psicólogo. A lo mejor me gusta dañarme a mi misma. A lo mejor saboteo todo. Estar sola, sin vida. Para castigarme. Para sentirme débil o saber que soy débil. Para recuperar algo que perdí y no he podido hallar. Para llenar ese vacío que tengo.
Luego le pregunté varias veces, una vez por cada respuesta. ¿Para que quieres... le mencioné sus respuestas anteriores una a la vez. Me respondió:
Que alguien haga algo por mí. Para que otros aprendan a hacer las cosas que yo hago. Probablemente porque nadie se ocupa de mí. Para recibir cariño. Para que me ayude. Para aprender. Para sentirme débil. Para castigarme. Porque siento que soy mala. Pago algo de lo que he hecho. Para

descansar, relajarme. Para equilibrarme. Para poder hacer útil a los demás. Para no depender de nadie. Para sentirme joven. Para sentir que sirvo para algo".

Seguimos trabajando con esta paciente, principalmente con el diálogo terapéutico, y de vez en cuando algún ejercicio para cambiar su estado de ánimo, o para resolver un conflicto que estaba viviendo en esa semana.

Al paso del tiempo, me reportó que siguió separada de su esposo, él se quedó en EE. UU., y piensa divorciarse de él, ya se dio cuenta que su relación no es lo que ella quería, comenzó a crecer en su trabajo, es una líder que busca su desarrollo laboral y personal, sus hijos se van desarrollando gradualmente, cada uno según sus aptitudes y etapa que están viviendo.

(1) *Psicoanálisis*, teoría de psicoterapia basada en los estudios y las investigaciones de Sigmund Freud (1896).

(2) *Transferencia*, concepto derivado del psicoanálisis, función psíquica mediante la cual un sujeto transfiere de manera no consciente, antiguos sentimientos o expectativas reprimidos probablemente de la infancia, hacia el terapeuta.

(3) *Contratransferencia*, idea del psicoanálisis, que complementa la transferencia del paciente, ahora por parte del terapeuta. Este nivel es muy delicado, ya que, si el psicólogo no se da cuenta de esta situación, puede perturbar la relación paciente-terapeuta, con efectos nocivos para ambos.

Problemas de salud

Señora casada, con cinco hijas jóvenes y adolescentes, con grandes problemas de salud física, además de una insatisfacción en su relación con su esposo. El esposo trabaja bien y viaja mucho por su trabajo, ella lo ve como alguien pasivo, muy preparado en su profesión, buen proveedor, pero ajeno a la familia y a la formación de las hijas, además toma mucho.

Cuando murió el papá de la paciente, entró en depresión, lloraba mucho, gran parte de su vida de adulta ha estado con malestares de salud, por lo que constantemente va con médicos, padecía de menstruaciones abundantes, problemas en los ojos, sobrepeso, insomnio, miedo a morir, ha buscado ayuda psicológica, estuvieron en terapia familiar, ella también estuvo en psicoanálisis, y con psiquiatras, por su situación confusa entre lo orgánico y lo mental, asociado con sus preocupaciones por sus hijas.

La hija mayor se embarazó de un novio, es madre soltera, las dos siguientes se casaron porque se embarazaron de sus respectivos novios.

Ella hace tiempo tuvo relaciones con un vecino casado, también con uno de sus doctores.

La mayoría de las consultas platicamos de diferentes aspectos de su vida, tiene mucho de que hablar, le recomiendo acupuntura y homeopatía al mismo tiempo que viene conmigo a psicoterapia.

Poco a poco comenzó a ordenar sus ideas, a sacar los conflictos internos guardados desde la niñez, sobre todo a mejorar su relación de pareja y su comunicación con sus hijas.

En una de las consultas practicamos el ejercicio de la *Luz curativa*:

"La ayudé a relajarse en el sillón, y luego le pedí que imaginara una luz curativa que viene de lo alto y penetra por la cúspide de su cabeza, iluminando las diferentes zonas del cerebro, con todas sus partes y conexiones, y así sigue la luz curativa descendiendo poco a poco desde la cabeza hasta los pies, sanando cada parte de su cuerpo externa e internamente, luego su campo y centros de energía, posteriormente nos enfocamos a sus emociones y sentimientos, para cerrar el ejercicio con sus pensamientos, creencias e ideas...

Ya estando muy relajada, le doy sugestiones positivas para sentirse bien, y para mejorar en las diferentes áreas de su vida, sobre todo en las que tiene mayor dificultad, como la relación con su esposo y sus hijas".

En varias consultas después de platicar sobre lo que ha vivido en la semana, y quizá revisar algo de lo que la preocupa, tanto de su salud como de sus relaciones interpersonales, hacemos algún ejercicio de *relajamiento consciente*, con sugestiones positivas.

En otra ocasión le enseñé el ejercicio de *la esfera del corazón* (1):

"En un estado de relajamiento, le pedí imaginarse, una pequeña esfera dentro del pecho, una esferita de luz, diciéndole que dentro de esta esfera estaba todo lo más positivo de ella misma, de su Yo profundo, le mencioné cualidades y atributos positivos, luego le pedí que imaginara que la esfera de luz crece y crece, gradualmente envolviendo, diferentes partes de su cuerpo-mente (2), hasta abarcar por completo su cuerpo desde la cabeza hasta los pies. Ahora ella se encuentra dentro de la esfera del corazón, sintiendo lo más noble, sublime y maravilloso de su ser interior. Además, le doy sugestiones positivas de mejoramiento de su salud integral y de su bienestar personal".

Como uno de sus problemas personales es el aumento de peso, en otras ocasiones nos enfocamos en ayudarle a mejorar la imagen de sí misma, en estado de relajación, le pedimos utilizar la imaginación creativa, para verse a sí misma, con la imagen ideal de ella, pudiendo ayudarse para esto, en el recuerdo de cuando pesaba y tenía las medidas que ella consideraba son su ideal a reconquistar.

Para los conflictos con su esposo, aplicamos los ejercicios de la Ley del perdón, con las variantes necesarias para adaptarlas a su situación especial, tomando en cuenta sus sentimientos de culpa por haber tenido ella misma relaciones extramatrimoniales.
También practicamos en otra consulta el ejercicio de *cromoterapia mental* (3):

"En un estado de relajamiento consciente, le pido imaginarse una luz encima de su cuerpo, que poco a poco desciende y la cubre completamente, adoptando cada uno de los colores del arco iris, empezando por el color violeta, en relación con la trasmutación o liberación de todo lo malo de su ser... luego el color azul, como protección y fortaleza... después el color verde de armonía con la naturaleza, salud y bienestar... enseguida el amarillo, de inteligencia emocional, claridad mental, y discernimiento...luego el anaranjado de energía solar para llenarse de vitalidad y autocontrol...siguiendo el rojo y rosa magenta, para llenarla de amor universal...por último el blanco luz como síntesis de todo el arco iris, representando la espiritualidad de su ser en evolución... Terminando con afirmaciones positivas de salud, fortaleza y superación integral".

> (1) La esfera del corazón, ejercicio de visualización, con la finalidad de invocar lo más noble y sublime de la persona.

> (2) Cuerpo-mente, concepto que se refiere a la conjunción del cuerpo físico y de la mente humana.

> (3) Cromoterapia mental, ejercicio de visualización utilizando las cualidades metafísicas de los colores básicos, para enaltecer al individuo mediante la imaginación creativa.

Pasado-presente

La mayoría de las personas que acuden a psicoterapia, tienen algunos eventos de su pasado que los están afectando en su momento presente, hay algunos casos donde la relación del pasado y el presente es muy evidente, como el siguiente caso:

Hombre joven de 38 años, soltero, vive con su mamá divorciada, y dos hermanas, una de ellas casada y con su esposo en la misma casa. Trabaja actualmente como director de un coro, estudió medicina, pero abandonó sus estudios en cuarto año, para dedicarse a la enseñanza de la música.

Acudió a consulta después de atenderse con homeopatía y acupuntura, y posteriormente con naturismo, por problemas de salud y estabilidad emocional. Le afectaban mucho los rechazos de las personas que conocía, al igual que los obstáculos que se presentaban en el trabajo o en la vida en general, tuvo unos accidentes que le afectaron su salud y equilibrio, por lo que se decidió a buscar ayuda psicológica. Para encontrar algún motivo oculto de lo que le ha pasado.

En varias sesiones nos enfocamos en conocer su forma de vivir y su historia, por medio del *diálogo terapéutico*, comenzamos a cambiar algunos esquemas mentales de su percepción de la realidad.

Ha tenido miedo de morir asfixiado...ha tenido sueños de asfixia en el transcurso de su vida...se soñaba en conventos, donde caminaba por pasadizos y se atoraba...en otros sueños sumergirse en el mar y no poder salir...

Me informó que tuvo problemas al nacer, lo sacaron con fórceps. Cuando tenía 13 años se fue su papá de la casa.

En la actualidad cuando enfrenta una dificultad le impacta mucho y le falta el aire...

En una consulta para aliviar su estrés, le enseñé a realizar ejercicios de relajamiento, para que los pudiera hacer en su casa, cuando lo necesitara. En otra consulta se practicó un ejercicio de hipnosis, *el barco hundido (1)*:

"El barco hundido, primero se relaja completamente, luego le cuento de forma regresiva de 20 al 0 despacio, luego le pedí que se imaginara recostado en una playa frente al mar, le sugerí que era un mar de energía (para evitar el miedo a ahogarse), poco a poco el agua de energía en forma de olas del mar, lo fue bañando hasta llevarlo suavemente a flotar libremente en el mar, luego comenzó a nadar, sintiéndose muy bien hacia el fondo del mar, acompañado de unos delfines que lo cuidaban y lo protegían, en el fondo se encontró un barco hundido, penetrando en su interior, encontró un baúl que recogió y se trajo a la superficie, acompañado por los delfines protectores. Ya en la playa abrió el baúl y observó su interior..."

Me platicó ya que salió del ejercicio que se sintió muy bien, al saber que no era agua el contenido del mar, por los temores que tiene de morir ahogado o asfixiado, este ejercicio le dio confianza y eliminó la angustia de sus temores, me comentó que vio una espada clavada en una roca en el fondo del mar. Y una perla grande arriba de otra roca. Platicamos de los posibles significados de esas imágenes y porqué él las había tenido en la experiencia anterior.

En otras sesiones me platicó de situaciones de conflicto en el trabajo, que manejamos con el ejercicio de colapsar *la mano derecha sobre la mano izquierda*, y otros ejercicios como *la luz curativa*, y el ejercicio de crear un *estado de excelencia*, para enfrentar situaciones futuras.

"Sentado, ojos cerrados, crear un *estado de excelencia*, espalda derecha, cabeza recta con la columna vertebral, con los ojos al frente o un poco hacia arriba, como si pudiera ver a través de los párpados. Ya que pude observar su estado creado, y él me confirmó que se sentía mucho mejor, le pedí que se imaginara enfrentando la situación que le estaba preocupando mucho, que me describiera verbalmente lo que estaba pasando en su mente, hasta poder hacerlo sintiéndose en verdad triunfador".

Le gustó tanto este ejercicio, que lo anotó para practicarlo con sus alumnos del coro...
Antes de asistir a estas terapias, todas las mañanas vomitaba algo blancuzco, con mucho asco, y todo eso se le quitó al venir a la psicoterapia.
Como iban a presentar una obra muy importante, me pidió que lo reforzara en otra ocasión, hicimos el mismo ejercicio de excelencia con visualización a futuro, incluyendo ahora un *anclaje* (2):

"Ya que había logrado el estado de excelencia y comenzaba a proyectar su mente a la escena futura, cuando me decía que ya estaba ahí y se sentía muy bien, lo tocaba en el hombro izquierdo. Esto lo hice varias veces, cada vez que me decía que se sentía bien haciendo algo dentro de su visualización".

En otra consulta, me informó que el neurólogo que lo estaba atendiendo, lo dio de alta, esto me dio mucho gusto, al ver lo positivo de la terapia con este paciente. Todavía se siente como si estuviera metido en algo, hablamos de la relación consciente-subconsciente, le comenté que se mencionaba en algunas enseñanzas cuatro niveles:

Nivel inconsciente o personas dormidas
Nivel semiconsciente o personas soñando
Nivel consciente o personas despiertas
Nivel supraconsciente o personas iluminadas (3).

Ha mejorado mucho lo que sentía en las mañanas como suspiros o falta de aire, me comentó que sentía algo contra su portafolio, siempre lo trae con él, se queja que está muy pesado, lo tiene desarreglado.

A la siguiente sesión que me informó lo anterior, me dijo que ya había comenzado a ordenar su portafolio, me comentó que se siente 80 % mejor en relación con la tranquilidad. Comenzó a cuidar el jardín de su casa, y descubrió que esto lo tranquiliza mucho, y le da seguridad y armonía.

En otra ocasión vuelve a platicarme algunos sueños repetitivos que ha tenido en el transcurso de su vida:

"Nadando en una alberca, tenía que pasar por un lugar estrecho y no pudo hacerlo, se quedó atorado.
En un convento los perseguían y al huir quedaba atrapado.
Y otros más que coincidían en quedar atrapado y no poder pasar a otro lado".

Él relacionaba estos sueños con lo que le platicaron de que al nacer hubo problemas, y por eso quizá se siente así, como atrapado, o como que no va a poder pasar a otro nivel. De ahí la falta de aire, los ahogos o suspiros, etc.

Nos enfocamos en la *trasformación de los sueños (4)* haciendo un ejercicio:

"Le pedía que me relatara su sueño tal y como lo recordaba, luego le pedía que lo cambiara de manera más positiva, hasta que su narración era liberadora, y así seguimos con los otros sueños, hasta transmutarlos todos".

Para trabajar el pasado, hicimos el ejercicio de *cambio de historia personal*, combinado con un ejercicio de *hipnosis regresiva (5)*, para revivir el nacimiento, pero ahora de manera agradable y positiva:

"Recostado con los ojos cerrados, lo ayudé a relajarse, luego lo llevé al trance hipnótico contando del 10 al 0 lentamente, le di sugestiones de que podría viajar a través del tiempo y del espacio, recordando todo lo que viviera en esa experiencia. Lo voy regresando por ciclos de años, desde su edad actual hasta su nacimiento, pero ahora, le dije: Percibe como tu madre está acompañada en ese momento, y ella está bien, se siente bien, hay seres de luz que la acompañan, y ahí estás tú como un ser espiritual velando por tu madre y por el nacimiento de tu nuevo cuerpo físico, tú eres un ser de luz y sabes que todo estará bien, observa cómo nace tu cuerpo físico que será tu instrumento para expresarte en esta realidad material. Todo está bien, todo está dentro de un plan divino, siente la armonía de las leyes de la Naturaleza, estás protegido y cuidado, eres un ser muy amado y por eso vas a nacer nuevamente en la Tierra, para llevar a cabo una hermosa misión..."

En otra consulta practicamos el ejercicio de *la cueva* (6) en hipnosis:

"Relajamiento consciente, cuenta regresiva del 10 al 0, ya estando en trance, le pedí que se imaginara caminando por un bosque muy hermoso y seguro, luego que se fuera acercando a una montaña, donde había una gruta o cueva, al entrar a la cueva, se encontraba una escalera descendente, la cual comenzó a bajar lentamente, luego llegó a una especie de recinto amplio, y le pedí que observara todo, para que me pudiera comunicar lo que estaba percibiendo y sintiendo durante la experiencia...Me dijo: *Veo un río interior, una mesa de piedra, un lugar como de rituales, mucha luz amarilla, anaranjada y dorada, siento la presencia de seres espirituales, como ángeles, no los veo... cambia la escena y dice: veo gente rubia vestidos de pieles, familias, pacíficos en un lugar sagrado para ellos, hay un líder alto, robusto, se esconden de algo...*"

Al salir de la concentración, hablamos sobre lo que vio y sintió en su descubrimiento, al viajar mentalmente en el tiempo...Esta experiencia le sirvió para entender muchas cosas de lo que él anda buscando en la vida y no ha encontrado aún del todo.

Después de esto en otra ocasión, hicimos el ejercicio del *Cambio de historia personal*, para ir corrigiendo su percepción de sus propias experiencias de esta vida.

Durante el tiempo que vino a terapia, este joven fue entendiendo su propia vida, y mejorando en sus procesos de superación personal.

(1) El barco hundido, ejercicio de hipnosis o visualización para profundizar en el subconsciente de la persona, y poder descubrir aspectos archivados y muchas veces ignorados de su historia personal.

(2) Anclaje, de ancla, término utilizado en PNL, para fijar a nivel psicofísico alguna idea positiva para que luego de manera natural se manifieste en la persona. Esto se logra al tocar físicamente al sujeto mientras le decimos o él o ella repite algo importante, como una afirmación o sugestión positiva.

(3) "El símbolo milenario de la flor de loto, que tiene sus raíces en el fango, el tallo se extiende por el agua y la flor se abre en la superficie. Los seres humanos al igual que el loto pasamos por varios niveles de desarrollo, el primer grado es la identificación completa con el cuerpo físico y sus instintos, en el símbolo mencionado se representa como la raíz en el fango.
En el segundo grado existe una gran identificación con la mente y sus procesos, es el paso del tallo por el agua, tratando de alcanzar la superficie. En el tercer nivel hay identificación con la personalidad, cuando la flor emerge del agua, estando en contacto con el aire.
Existe un cuarto nivel que corresponde a la luz del sol que recibe la flor de loto, abierta en toda su hermosura y esplendor".
(Rolando Leal Martínez: *Escritos de un buscador de la verdad*. Mensaje No.1, Comentario).

(4) *Transformación de los sueños*, una de las maneras en que podemos trabajar con los sueños de los pacientes, para obtener un beneficio práctico de los mismos. En este

método no se interpretan, sino que se transforman, como si pudiéramos tener control de los mismos, cuando esto sucede, le mandamos un mensaje a nuestro subconsciente de lo que realmente queremos, en lugar de aceptar pasivamente lo que surge de manera inconsciente e involuntaria de nuestro interior.

(5) *Hipnosis regresiva,* uno de los métodos de la hipnosis, para recuperar información perdida en nuestros recuerdos, se puede regresar a etapas anteriores de esta vida, digamos a la niñez, luego existe la regresión prenatal, antes del nacimiento, en la època fetal. Y también existe como una variante la hipnosis regresiva a vidas pasadas.

(6) *La cueva*, ejercicio de hipnosis, para recuperar información del subconsciente, mediante el simbolismo que aparece en la experiencia, el sujeto puede entender mejor lo que existe en su interior, y no es plenamente consciente de ello.

Un joven muy imaginativo

Joven de 20 años, estudiante de ingeniería en sistemas primer semestre, tiene dos hermanos menores de 18 y 13 años. Se reportó conmigo como deprimido, triste por dentro. Después de la primera sesión donde platicamos sobre su vida y su familia, y el porqué está buscando ayuda terapéutica.

Comenzamos una serie de consultas por un lado con la intención de que se conociera a sí mismo un poco más, desde el punto de vista de la psicología, para rescatar sus áreas de oportunidad y por la otra de encontrar la motivación interior para los cambios positivos que deseaba lograr en su proyecto de vida y carrera.

En la siguiente sesión comencé con el *Test de frases incompletas* de Sacks (1). Al terminar el test y darle los resultados le pregunté: ¿Qué captaste? Me contestó:

"Mejorar algunas cosas.
En la forma de actuar con los demás: Hablar más, saber escuchar, saber cómo y cuándo actuar.
Al platicar con mujeres: Empezar la plática, no depender de alguien, ser más aventado.
No ser tan apático: Involucrarme más, ser más expresivo.
Practicar leer en voz alta, corregir la postura".

Después de esto comenzó a hacer ejercicio; caminar y trotar. En el consultorio hicimos el ejercicio del *estado de poder y excelencia*, al lograr crear el estado especial, le pedí que repitiera en voz alta:

"Yo puedo hacerlo.
Yo quiero hacerlo.
Y lo voy a lograr".

En otra consulta le apliqué el *Test de Rorschach* (2). Lo complementé con el ejercicio de *La imagen ideal* (3) y afirmaciones positivas.

"En un estado de relajamiento, le pedí que se imaginara de forma ideal, como le gustaría ser en lo físico, en lo mental, en lo emocional, en su relación con alguna pareja, en la relación con sus padres, en la escuela, en el ejercicio, en los videojuegos, etc."

Me comentó en otra sesión que tiene miedo de manejar carro, hicimos un ejercicio de visualización con hipnosis, lo ayudé a entrar en trance hipnótico con *La cuenta regresiva* del diez al cero (4), ya estando en el estado hipnótico, le pedí que se visualizara manejando un carro sintiéndose muy bien al hacerlo. Y que repitiera en su mente:

"Puedo manejar cualquier automóvil sintiéndome muy bien.
Cada vez que manejo me siento perfectamente bien.
Las repite varias veces, sintiendo el placer al manejar y el poder hacerlo con un sentimiento de seguridad y confianza en sí mismo.
Aproveché este momento para pedirle imaginarse en su escuela, saliendo mucho mejor en sus calificaciones, y sintiéndose muy bien cuando asiste a sus clases. Le doy sugestiones positivas para mejorar sus estudios y su vida en general".

Le dejé de tarea una *Hoja de autocontrol* (5), es un formato que yo diseñé donde se puede analizar sus principales reacciones psicofísicas, por períodos de tres horas cada día de la semana. Se hace por una semana completa, para descubrir zonas de interés para la terapia.

En otra ocasión hablamos sobre las *Limitaciones y fortalezas* (6) y me comentó lo siguiente:

"Limitaciones: A veces callado; No hacer tareas; No soy bueno en deportes; Hablarles a mujeres desconocidas; No dormir bien; Distraído.
Fortalezas: Cuando me propongo algo lo logro; Amiguero; Control de la bebida; Buena memoria; Gustos amplios; Perseverante".

Con esta información hicimos un ejercicio, primero lo ayudé a crear un estado de poder, luego le pedí que se armonizara con las fortalezas, y con ello eliminar las limitaciones. Luego culminamos con el ejercicio de *Integración cerebral* (7):

"De pie, ojos cerrados, sentir sus dos lados del cuerpo, izquierdo y derecho... imaginar como cada lado está conectado en forma cruzada con los dos hemisferios cerebrales... pedirle dar un paso al frente hacia su lado izquierdo y comenzarle a mencionar algunas características del hemisferio derecho y su lado izquierdo del cuerpo... regresar a su posición original...luego pedirle que de un paso al frente y al lado derecho, comenzarle a mencionar las características del hemisferio izquierdo y el lado derecho del cuerpo...regresar a su posición inicial...dar un paso al frente en línea recta... Y ahí pedirle que uniera sus manos a la altura del pecho, palma con palma, mientras le sugiero que estamos uniendo los dos lados del cuerpo, así como integrando los dos hemisferios cerebrales, luego que subiera las manos unidas al nivel del cuello, siguiendo con la frente y al final arriba de la cabeza...luego despacio bajar las manos unidas deteniéndose en esos puntos especiales (*chakras*)... al final, abrir sus ojos y separar las manos. Regresando a la posición original".

En otra consulta le sugiero practicar un ejercicio de *Ensueño dirigido* (8):

"El paciente recostado, con los ojos cerrados, se le pide que respire lentamente, y se le lleva a relajarse gradualmente, luego se le pide que hable libremente de lo que venga a su mente, sobre todo imágenes que broten de manera natural en ese estado de relajación consciente:

Bosque, agua, árboles frondosos, aire limpio, peces en el agua cristalina, cabaña de madera, puerta café, abrió la puerta, entró, una mesa con un plato de sopa, se comió la sopa de pescado, caliente...Un cuadro en la pared, de un niño parado en una piedra viendo hacia el cielo, unos 10 años, no lo conocía, con pantalón corto y tirantes, con camisa...Se salió de la cabaña con una caña de pescar, se dirigió a un puente y se puso a pescar...luego de un rato ahí pescó un pez-gato, lo puso en una cubeta, él anda vestido con camisa verde y pantalón caqui...el sol se oculta, la cubeta tiene ya 5 peces, regresó a la casa...Ahora tiene canas en el cabello, se mira más grande de edad...cocina dos peces en un comal, hay una chimenea con fuego, se puso a comer los pescados... hay un perro pastor alemán...se puso a leer un libro, sobre el tema del aborto...se fue a otro cuarto a descansar, cama alcolchonada, confortable, se puso una pijama para dormir,...se levantó temprano en el amanecer, se dio un baño, se fue a trabajar, tiene 50 años de edad..."

Se interrumpió por que me dijo que le dolía la cabeza, lo saqué del relajamiento, le pedí que imaginara bajando el dolor de la cabeza hasta su mano izquierda y que comenzara a tallar sus dedos de esa mano, para disipar el dolor, así lo hizo, y poco a poco desapareció la molestia.

Al ver los resultados de la terapia de ensueño con este joven, decidí seguir trabajando con él con estos ejercicios, no todas las personas reaccionan tan bien a un tipo de terapia, o a los diferentes métodos que podemos emplear con ellos, es por ello, muy importante por una parte tener como psicoterapeutas una amplia gama de técnicas, ejercicios y métodos para poder abarcar los diferentes tipos de personalidades que llegan a una consulta psicológica y también los casos tan distintos que podemos ver en las sesiones.

Muchas veces con una misma persona, debemos tratar diferentes métodos para poder realmente ayudar a ese paciente a superar sus dificultades. En otros casos se puede uno enfocar en dos o tres técnicas que son las que funcionan mejor con ese individuo en particular. Y en todos los casos el *Diálogo terapéutico* debe estar presente, ya que en él es donde se realiza la toma de conciencia del paciente o cliente.

(1) *Test de frases incompletas* de Sacks, son 60 cuestiones incompletas para que el paciente las complete libremente, dejando que las ideas broten espontáneamente durante el test.

(2) *Test de Rorschach,* son un conjunto de láminas con manchas, para que el paciente al verlas diga lo primero que se le ocurra de lo que siente o piensa que es aquello.

(3) *La imagen ideal,* ejercicio de hipnosis o visualización donde el practicante crea con su

imaginación lo que considera lo mejor para sí mismo.

(4) La cuenta regresiva, técnica de hipnosis para producir el trance, se puede hacer del 20 al 0, o del 10 al 0.

(5) Hoja de autocontrol, método de observación y autoanálisis, para descubrir áreas o zonas de conflicto en la personalidad, la idea es llevar un registro semanal, para ir verificando los avances del paciente.

(6) Limitaciones y fortalezas, ejercicio para descubrir el contraste entre ambos aspectos del ser, y luego con la información recabada trabajar en incrementar las fortalezas y eliminar las limitaciones. Se puede realizar de diferentes maneras, utilizando la creatividad del psicólogo.

(7) Integración cerebral, ejercicio de visualización cuya finalidad es lograr un equilibrio de la persona, se relaciona con las ideas del *hatha yoga,* de buscar el equilibrio entre los dos hemisferios cerebrales y los dos lados del cuerpo.

(8) Ensueño dirigido, inspirado en los descubrimientos de Robert Desoille, este método terapéutico tiene varios enfoques, dependiendo de lo que quiera obtener el psicoterapeuta, en relación con la problemática de su paciente o cliente.

Pensamientos negativos

Joven de 22 años, el menor de cuatro hermanos, todos solteros, vino a consulta acompañado con una de sus hermanas, me reportó que de niño a los 12 años se enfermó, y estuvo así cuatro meses, con temblor y nervios. A los 17 años, se sintió mal, débil, insomnio, lo llevaron con un doctor. Estuvo dos años estable, luego comenzó a tener problemas con una materia en la Universidad, se volvió muy agresivo. *Diálogo terapéutico.*

En otra sesión, me repitió varias veces: *"Yo me provoco ese malestar"*. El pensamiento-sentimiento de sentirse mal le provoca el malestar. También en sueños ha tenido ese malestar, actualmente lo siente cuando está dormido y se despierta al sentirse mal. Me dijo: *"No le encuentro chiste a nada"*. Me platicó que sueña con accidentes.

Le apliqué el *Test de la casa-árbol-persona* (1). Descubrimos algunos datos interesantes de su personalidad y sus proyecciones mentales.

Ejercicios de relajamiento para bajar su estrés y ansiedad, con afirmaciones positivas.

En otra consulta me comentó que recordaba ciertas comidas donde se sentía mal de niño.

Le dejé de tarea: Buscar momentos agradables en su diario vivir, darse cuenta de lo que le gusta y disfrutarlo, hacer un programa de actividades que le funcionen para sentirse seguro y tranquilo. También el análisis de la *Hoja de autocontrol,* para descubrir los momentos negativos y el tipo de pensamiento-sentimiento que más lo están afectando.

Ejercicio de relajamiento con imaginación dirigida para acrecentar su autoconfianza, mejorando su *autoimagen* (2).

En otra sesión le apliqué el *Test de persona bajo la lluvia más la familia* (3). Luego practicamos un relajamiento consciente, para enseñarlo a calmarse por él mismo.

Durante esa semana se sintió mal en la escuela, se sentía deprimido, con ansiedad, lo llevaron al hospital y le dieron medicamentos. Luego me comentó como si tuviera *"dos mentes"*, me volvió a decir: *"Como si me fabrico las enfermedades"*. *"Me siento extraño, desubicado"*. Platicamos de sus sensaciones y pensamientos negativos, ejercicio de relajamiento dirigido con imaginación creativa.

En la siguiente sesión hablamos sobre el Yo y la mente, los pensamientos, la autoconciencia, etc. En un ejercicio de relajamiento le pedí que tradujera a pensamientos sus sensaciones desagradables.

Practicamos un ejercicio de *modificar imágenes* (4), la imagen negativa que lo afecta, le pedí que la pusiera en su mente como una foto, luego que le quitara color, dejándola en blanco y negro, que la fuera reduciendo de tamaño, y ya pequeña que visualizara quemando esa foto y viendo como las cenizas se alejaban de él.

En la *Hoja de autocontrol*, ha predominado el estrés, el nerviosismo y el miedo. Le enseñé un ejercicio cuando se sintiera nervioso, que frotara el dedo pulgar con el dedo índice y el medio, tallando sus yemas...

Ejercicio de relajamiento hablando con su mente interna.

En otra ocasión me reportó que seguía teniendo pensamientos negativos, pero ya no los verbaliza tanto, y no llega a sentir lo que piensa, solo siguen todavía algunas ideas negativas.

Como una práctica le pedí que repitiera muchas veces los pensamientos negativos que lo atacaban, con la intención de debilitar las ideas, por medio de la repetición continua y consciente, sobre todo en un ambiente controlado como es el consultorio.

Ya que establecimos las principales ideas nocivas, las confrontamos con sus opuestos, por ejemplo:

"Me voy a sentir nervioso" cambiarlo por
"Cada día me siento más tranquilo".
"La idea de huir" cambiarlo por
"Estoy aquí y estoy bien".
"Está mal lo que estoy haciendo" cambiarlo por
"Está bien lo que estoy haciendo".
"No tengo ganas de hacerlo" cambiarlo por
"Tengo ganas de hacer cosas buenas".
"Tengo miedo de que me dé otra vez" cambiarlo por
"Me siento bien y cada día me siento mejor".

Ejercicio de hipnosis del 10 al 0, con sugestiones positivas.

Se dio cuenta que el pensamiento le produce las sensaciones desagradables. Practiqué un ejercicio de dejar que su mente le trajera sucesos para trabajarlos en la terapia, en relajamiento, le pedí que dejara libre a su mente para darnos información, experiencias pasadas que quisiera liberar de su archivo de memoria, cuando platicaba un suceso negativo de su historia, le pedía que lo repitiera varias veces (para bajar su carga energética negativa), luego que lo cambiara por algo más positivo... Y así trabajamos varios sucesos de su pasado. Terminé el ejercicio con sugestiones positivas para su diario vivir.

En otra consulta me reportó que se ha sentido mejor, casi libre de los pensamientos negativos, me confesó que siente que algo le impide sentirse plenamente bien, como la enfermedad que siente tener. Hicimos un ejercicio de *cambiar su percepción*, le pedí que me dijera que forma tiene su enfermedad o lo que lo afecta, me dijo que no tiene forma, luego le pregunté sobre su color, me dijo que oscura, el tamaño, me contestó como su cabeza, como un dolor de cabeza. Le pedí ir cambiando estos atributos de su problema, hasta reducirlo y eliminarlo completamente. De tarea estar consciente de sus pensamientos y cada vez que tuviera uno de tipo negativo, lo iba a cambiar a positivo, lo mejor posible.

En otro momento de las consultas con este joven, hice el ejercicio de la *silla vacía*, pero imaginando en ella a su problema, le pedí que captara que le decía su malestar a él, luego que él le contestara, estableciendo un diálogo constructivo y positivo. Incluyendo en el ejercicio la captación por parte de él de un ser de luz que lo animaba a salir adelante y no darse por vencido.

Seguimos trabajando con este joven, aplicando el *diálogo terapéutico* y ejercicios para cambiar los pensamientos negativos por positivos, seguimos trabajando con metas para su vida, ya en esta etapa, más enfocados en lo que puede hacer y lo que va a lograr, poco a poco todas las ideas de malestar fueron cediendo a la seguridad y confianza de que el puede manejar su vida y las situaciones que se presenten en el curso de los años.

Aprendió a cambiar las ideas negativas por pensamientos más constructivos y eficientes, por ejemplo:

"Puedo comer con cualquier persona o grupo de personas sintiéndome muy bien.
Puedo leer, estudiar y aprender sobre cualquier tema sintiéndome muy bien.
Puedo dormir y descansar fácilmente cada noche.
Puedo reaccionar positivamente ante cualquier situación exterior.
Cada día me siento mejor y mejor en todos los aspectos".

(1) *Test de la casa-árbol-persona,* por medio del cual se busca encontrar elementos que nos ayuden a identificar aspectos de la personalidad que se encuentran ocultos para el individuo.

(2) Autoimagen, la imagen que la persona tiene de sí misma, de esta imagen depende luego la autoestima, que se refiere a la manera en que se aprecia y se valora para que, de esta percepción, brote la motivación propia de la vida.

(3) *Test de persona bajo la lluvia más la familia,* este estudio nos ayuda a comprender las implicaciones no conscientes del individuo con

su familia, y en relación con la influencia ambiental que se refiere principalmente a su entorno sociocultural.

(4) *Modificar imágenes,* ejercicio basado en PNL, para cambiar el impacto emocional de las ideas que la persona tiene sobre algún tema específico, que lo esté afectando en su comportamiento o en sus procesos mentales.

Una madre ejemplar

Vino a consulta una señora de 45 años, se casó a los 22 años con un hombre viudo con cinco hijos, los cuales adoptó como propios y luego tuvo dos hijos de su matrimonio.

Me reportó varios problemas de salud, que se está atendiendo con un médico, está con una nutrióloga, para bajar de peso. Su papá murió cuando tenía tres años, su mamá no la atendía bien ni a sus dos hermanos, por lo que se crio con otra señora. *Diálogo terapéutico.*

En la siguiente sesión me platicó que quiere que la ayude para seguir su dieta, así que hicimos un ejercicio de *la pantalla y el zoom (1), la persona sentada con los ojos cerrados, se le pide que imagine una pantalla mental donde pueda poner una mesa con alimentos nocivos, aquellos que no debe comer en la dieta... Luego una pequeña pantalla en una esquina inferior de la pantalla grande, en donde ponga una mesa con los alimentos recomendados en su dieta especial...Contamos del uno al tres y decimos zoom, al mismo tiempo que la persona imagina que crece la pantalla pequeña hasta tapar a la pantalla grande y cubrir toda el área mental, ahora contempla sólo la mesa con los alimentos recomendados...Sostiene la imagen deseada. Mientras repite en su mente: "yo puedo hacerlo".* El ejercicio se repitió tres veces.

En otra ocasión hicimos un ejercicio de hipnosis, contando del 10 al 0, para inducir el trance, aplicando sugestiones positivas para bajar de peso, mejorar su salud en general, así como sus relaciones interpersonales.

En otra consulta me comentó que se siente sola, sus hijos ya son más independientes de ella, su esposo sale mucho con amigos, y por su historia de sentirse abandonada por su madre, no haber tenido papá y un trato no muy adecuado de su madrastra, sufre por esta situación.
Le hice unas preguntas:

"¿Qué si puedes hacer con esa realidad? De sus hijos y su esposo.
¿Qué le dirías a una amiga en una situación semejante?"

Después que me platicó lo que siente al respecto, hicimos un ejercicio de *visualización ideal*, de ella con su esposo y sus hijos, aunado a la visualización le pedí que repitiera lo siguiente:

"Pido y deseo que estas imágenes se transformen en realidad lo más pronto posible, para el bien de todos los seres y en armonía con las leyes de la Naturaleza" (2).

En otras consultas seguimos trabajando con las experiencias de su pasado y los nuevos sucesos que va viviendo en el transcurso de la terapia.

En un ejercicio de hipnosis: *el bosque y la cueva*, vivió lo siguiente:

"Observó un reflejo de arco iris dentro de la caverna, material suave al tacto en las paredes del recinto, piso blanco como cristal... una estatua al centro, como algo hindú... una mujer sentada en posición de yoga, cubierta con un velo, le inspira tranquilidad y paz. La saluda como hindú, con las manos unidas en el pecho, se ve a sí misma muy delgada, usando ropa hindú de colores, de piel más morena, un poco más alta, con mucha armonía... La mujer sentada es alguien muy importante para ella, como su Yo superior (3), se arrodilla ante ella, y la mujer especial pone sus manos sobre su cabeza, se quita el velo y su piel es aperlada, le inspira tranquilidad y paz...Comprende que ella fue hindú en otra vida (4), pero no es su vida anterior a esta...Se llamó Sheila, y el nombre de su Yo superior es Iris..."

Lo interesante de esta experiencia, es que el ejercicio no es con la finalidad de recordar o conectarse con recuerdos del alma, sino solamente con recuperar información del subconsciente, que pudiera ayudar a la persona, a manejar mejor su situación de vida actual. Sin embargo después de haber realizado muchísimas veces este ejercicio con diferentes individuos, me he encontrado con este fenómeno natural, de que algunas personas comienzan a verse con una apariencia corporal diferente y de manera natural comienzan a platicar como si supieran que son ellos mismos en una vida anterior, de alguna manera corroborando la teoría de las vidas sucesivas o reencarnación, que muy a menudo diferentes hipnoterapeutas muchas veces sin buscarlo ni creer en ello han validado de una o de otra forma.

En otra ocasión repetimos el ejercicio de *la caverna*, y me platicó lo siguiente estando en trance:

"Al llegar al recinto interior, después de bajar una escalinata de piedra en el interior de la gruta, se ve y se siente vestida con una especie de vestido largo o túnica blanca, delgada, con el pelo suelto, largo, castaño, morena... adornos metálicos como candelabros dorados, manteles en una mesa alargada... una señora sentada en una esquina con una sonrisa, me dijo: "la he visto en un sueño", un sueño que le dió mucha alegría y paz, pensó en aquél momento que ella iba a conocer a la señora, ¿quién eres?, le preguntó... sólo sonrió..."un día voy a saber quien es ella"... Le trasmitió mucha protección, se sentía realizada ante su presencia, como si fuera su madre... Luego vió un niño vestido con un oberol con pantalón corto, le sacó parecido a uno de sus hijos cuando estaba más chico... Le pregunté: ¿qué mensaje hay?... Me contestó: "Comunicación telepática con él" ... Escuchó música de una caja musical...un sillón de respaldo alto azul y dorado...un cuadro con flores...un jardín, una cascada y muchos pájaros, colibríes, el niño andaba corriendo afuera... El aire olía a flores y humedad... el niño la tomó de la mano y corrieron juntos hasta donde estaban los pájaros, se acercaron a la cascada y jugaron en el agua... La señora bonita sentada adentro viéndolos por la ventana...un caballo muy bonito, café claro, muy claro..."

En otra sesión, decidí hacer una regresión a su nacimiento actual, con la intención de cambiar su percepción de su propia historia, de cambiar el enfoque de sufrimiento por la muerte prematura del papá y el abandono de la mamá. Para instalar en su mente imágenes más positivas de la vida, tratando de entender como todo está bellamente diseñado para cada persona, depende de nosotros verlo por el lado negativo o positivo.

Ejercicio de relajamiento, hipnosis, regresión en edad hasta su nacimiento actual, percibir a su madre biológica embarazada de ella, pero ahora pedirle imaginarse a ella misma de adulta viendo su nacimiento actual...

Entonces me platicó que vió en la escena a un ser luminoso como de vapor, con ojos café claros, ojos soñadores, mirada de amor, sexo indefinido, blanco, con túnica blanca, con un lazo dorado, su nombre Daniel... Luego le pedí que fuera 10 años antes de su nacimiento actual, y sólo se sintió como flotando, colores, naranja en varios tonos, color violeta, azul y verde...

Posteriormente, en otra consulta, hicimos un ejercicio de visualización: *Subir la montaña* (5), se trata de imaginarse subiendo una montaña y al llegar a la cúspide pedirle que trate de ver algo ahí... y me comentó en trance lo siguiente:

"Castillo blanco, con muchas flores... dos figuras de león en la entrada como esculturas... una sala amplia iluminada con vitrales de colores, un cuadro con una pareja como príncipes... cuadros con paisajes... un cuadro con un unicornio blanco... paisajes, flores...

por la ventana se veía un lago, con cisnes blancos, pavos reales... Su ángel la recibió en el lugar, con mucha confianza, familiaridad de túnica blanca, pelo dorado, cara dulce, un mensaje de paz, tranquilidad y plegaria... Le dije: "pídele que te ayude a verte en otra vida anterior" ...

Me comentó: Que veía a una muchacha vestida de blanco, alegre, delgada, no muy alta, con un vestido ceñido al busto... gente atrás como gitanos, ella también...Sheila, su nombre... hermanos, sus papás atendiendo invitados, ella estaba sola, se alejó del grupo para acariciar a los animales de ese lugar, tenía el cariño de toda esa gente...Bélgica 1755, ella como de 22 o 23 años...

(1) *La pantalla y el zoom*, ejercicio basado en PNL, para cambiar una imagen negativa por otra más positiva.

(2) Fórmula de metafísica para elevar nuestros deseos, y que estén en armonía con lo superior.

(3) *Yo superior*, el alma de los seres humanos, que busca comunicarse con la personalidad.

(4) *Otra vida*, concepto basado en la teoría de las vidas sucesivas o reencarnación.

(5) *Subir la montaña*, ejercicio de visualización y de hipnosis, para conectarnos con los niveles superiores de la mente.

Despertamiento espiritual

Mujer casada de 56 años, con cinco hijos, acudió a terapia porque se dio cuenta que su esposo la había engañado con otras mujeres, hace poco se enteró de esto, gracias a una amiga que tiene facultades psíquicas, y luego lo comprobó con el esposo. Estuvo asistiendo con una psicóloga, pero supo de mí por un curso que comenzó a tomar de Control emocional que estoy impartiendo en el Centro de Superación Integral. Después de comprobar la infidelidad del esposo se separaron, y al paso del tiempo se divorciaron, ella comenzó a trabajar para salir adelante con sus hijos.

En el curso de control emocional se dio cuenta de un problema de ansiedad, relacionado con la falta de aire. Cuando estaba platicando con ella en el consultorio, sentí algo en el cuello, en el quinto *chakra* (1), le mandé mentalmente energía a ese centro, luego me comentó sin preguntarle nada, que ha padecido de la tiroides, esta coincidencia me llamó mucho la atención. Más tarde comencé a sentir algo en el pecho, y de pronto ella se tocó el pecho, como si sintiera algo en ese centro. Después sentí algo en la cabeza, y sin comentar nada con ella, me platicó que sentía algo como una nube en la cabeza.

Nota*: Muchas veces los terapeutas se van sensibilizando durante las terapias, y pueden sentir lo que los pacientes están sintiendo, o bien lo que están percibiendo, por ejemplo en los ejercicios de visualización o de hipnosis.*

En otra sesión habló de su exesposo, y los problemas que tuvieron y que tienen por la situación del divorcio que está en proceso. Le pedí que hiciéramos un ejercicio de relajamiento para bajar el estrés, utilizando la *visualización*, la llevé a un lugar especial en su mente, una especie de jardín percibe a un maestro espiritual, que trae un libro abierto, comenzó a llorar con esta experiencia, capta a Cristo de pie, y se sintoniza con su Yo superior.

Posteriormente en otra consulta, hicimos el ejercicio de *la cueva* y captó lo siguiente:

"Llegó a una gruta con estalactitas, cofres con joyas, como un hombre de pelo largo como Cristo, como una piedra verde... Caminó con el personaje hasta una salida, ella llevaba la piedra verde... llegaron a un valle, hasta el mar y se subieron a una barca, cerca de ahí césped, gente muy feliz, jugando, como escenas del pasado..."

En otra ocasión, relajamiento consciente, entrar en trance hipnótico, narró lo siguiente:

"En una playa, una puesta de sol siente el amor de Cristo, con ganas de llorar, se quejó de su marido, recordó una situación del pasado, comenzó a llorar y a quejarse de su esposo..."

En este momento aproveché la oportunidad para ayudarla a sacar la frustración que todavía tenía en relación con su exesposo, utilizando la imaginación creativa, la dejé que se desahogara, y luego le pedí que se viera envuelta en una *flama de color violeta* (2), para transmutar sus sentimientos en relación con su divorcio.

Se sentía muy frustrada ya que todo estaba en proceso, no ha podido concretar nada bien, el divorcio, la casa, lo económico, su trabajo actual.

Seguimos trabajando en las sesiones siguientes, con el *diálogo terapéutico* y ejercicios de relajamiento dirigidos combinados con visualizaciones e hipnosis. En este proceso fue despertando la sensibilidad espiritual, al mismo tiempo que todo en su vida se fue arreglando, encontrando oportunidades maravillosas que se le fueron presentando en el trabajo, lo económico y en sus estados de ánimo.

Años más tarde tuvo la oportunidad de viajar a Grecia a un congreso de un grupo de estudios de tipo esotérico y metafísico, y estando en un lugar de turismo, en unas ruinas en una loma, tuvo una experiencia de conexión extraordinaria, de tal manera de conectar conscientemente, lo que estaba experimentando en ese momento, con una vivencia que había tenido cinco años antes en el consultorio en trance, en esa ocasión se había visto vestida a la antigua, no reconoció el país, pero parecía romana o griega, y la habían sacrificado junto con otras personas, y nuevamente revivió las escenas, pero ahora con mayor comprensión de la situación histórica.

Después que regresó de ese viaje, vino a visitarme para platicarme lo que había recordado de esa posible vida anterior. Esto es lo que me platicó de ese viaje a Grecia:

"Arriba de una montaña, como 100 personas abajo. Me describió las sandalias que usaba, los vestidos como antiguos, pectorales... cascos con penachos... un personaje a un lado de ella, uno de ellos como con una toga con el hombro desnudo, con cordón, sandalias de cuero oscuro casi negro, mayor de edad... ella levantó la mano...vestido largo de mujer, color marfil, sandalias doradas, pelo rubio, labios más gruesos, de tez blanca, con joyas...atrás otros señores tres a cada lado de ella...unas personas sentadas en asientos tipo sillones como de tijera...traen luces, antorchas, se ven tranquilos... Astrea se le vino este nombre a la mente...el personaje de a un lado tenía como una falda de tablones metálicos...otros más allá como soldados, con escudo y lanzas, cascos como tapando el rostro... Cómo que le cortaron la cabeza después...vio la cabeza en el suelo, había zacate, la cabeza más vieja, más destruido todo, cómo que había pasado el tiempo desde la primera escena..."

Esta mujer tuvo muchas más experiencias de este tipo, escenas del pasado, que se relacionaban con ella, de alguna forma. Todo ello sucedió en varias consultas.

(1) *Chakras*, del sánscrito, significa rueda que gira, de acuerdo a la filosofía del yoga, los chakras son centros de energía ubicados en el cuerpo psíquico, con correspondencia con plexos nerviosos y las glándulas endocrinas del organismo físico. Se mencionan siete más importantes:
Ch 1 básico o raíz, ubicado en el coccix
Ch 2 soplo vital, en el bajo vientre
Ch 3 emocional, plexo solar
Ch 4 corazón, en el pecho
Ch 5 garganta, en el cuello
Ch 6 cabeza, en el entrecejo
Ch 7 cúspide, en la coronilla de la cabeza.

(2) *Flama de color violeta*, este color se asocia con la transmutación, la liberación y el perdón, por lo que se utiliza en ejercicios de visualización, en cromoterapia mental y en metafísica.

Miedo a la soledad

Hombre joven de 26 años, vino a consulta porque tiene miedo a quedarse solo o cuando viaja también. Es el menor de siete hermanos, sus padres murieron, su mamá cuando él tenía 18 años, y su papá cuando cumplió los 19 años. Se fue a vivir con una tía y un primo.

Me platicó diversos recuerdos relacionados con su malestar actual:

A los seis años le picó una hormiga y se quedó como paralizado.

Como a los nueve años entró un tipo a la casa, se sintió paralizado.

A los diez años salió de su casa y al regresar, estaba la casa sola y apagada, sintió tos, náuseas y devolver el estómago.

Como a los doce años, estaba esperando el camión, y sintió zumbidos en los oídos, estaba lloviendo y se sintió solo, miedo a los rayos, los mismos síntomas que la vez anterior.

Siempre que siente que va a estar solo, siente los síntomas.

Cuando murieron sus padres se quedó solo en la casa, sus hermanos ya no vivían ahí. Por eso se fue a vivir con la tía.

Recuerda que en la escuela primaria tenía muchos problemas por ser el único niño blanco y rubio, lo molestaban mucho por eso.

Cuando maneja si anda por lugares nuevos, se siente nervioso.

Después del *diálogo terapéutico* comenzamos una serie de ejercicios para cambiar sus recuerdos, utilizando el relajamiento y la imaginación creativa, para buscar otras alternativas de respuestas de él ante las situaciones ya vividas, que le provocaron los síntomas del pasado. Se repiten varias veces, hasta que puedan fijarse en sus recuerdos, en su memoria.

Nota: *En investigaciones sobre la memoria se ha descubierto, que cada vez que uno recuerda algo, de alguna manera se distorsiona el recuerdo, o se modifica, ya que la memoria es dinámica, es decir, no fijamos los recuerdos de manera absoluta, esto nos permite, alterar la interpretación que la mente infantil, hizo de una situación, al modificar estas percepciones, alteramos o mejoramos las respuestas emocionales, y por lo tanto las fisiológicas del individuo. Casi todas las técnicas que trabajan con los recuerdos, de alguna manera se basan en este principio, de poder modificar primero la interpretación de la persona hacia el recuerdo de la experiencia, luego podemos incluso modificar las imágenes de la memoria.*

En otra consulta, trabajamos con la técnica del *recuerdo consciente* (1), es decir, se le pide al paciente estando relajado, que deje brotar los recuerdos, que su mente quiera darle, luego que platica algún recuerdo, le pedimos al paciente que lo modifique de manera positiva para él, se hace esto varias veces, hasta que pueda platicar las escenas sintiéndose muy bien en ellas.

También me platicó que tenía miedo de manejar solo, pero por su nuevo trabajo, tenía que hacerlo algunas veces, así que hicimos un ejercicio de visualización y reprogramación mental:

"Le pedí que me platicara su viaje y que me dijera que sentía al pensar en ello...
Luego nuevamente platicar el viaje, pero repitiendo en su mente: "Puedo viajar solo, sintiéndome bien", varias veces, mientras lo ayudaba a imaginarse el viaje de ida y vuelta...
Después le hablé a su mente subconsciente, para que lo pudiera ayudar a realizar esto, incluyendo sugestiones positivas de bienestar, asociando el manejar solo con algo placentero y divertido".

En otras consultas trabajamos su plan de vida, encontrar una pareja, tener hijos, formar una familia, cambiar su carro, mejorar en su trabajo, estudiar yoga y seguir en el karate, hasta alcanzar la cinta negra.

Al paso del tiempo fue logrando todo lo anterior, de hecho, me invitó al bautizo de uno de sus hijos, años más tarde, me lo encontré y me comentó que ya era cinta negra de karate, y seguía practicando su disciplina. Con una buena relación con su esposa y sus hijos.

(1)   *Recuerdo consciente*, ejercicio para obtener información del subconsciente, para poder transformar los sentimientos, las interpretaciones y los mismos recuerdos de manera de convertirse ahora en algo benéfico para la persona.

La mujer que no podía sonreír

Mujer soltera de 43 años, con una expresión en su rostro como de enfado, muy rígida en sus hábitos y convicciones, me comentó que de niña su mamá la golpeaba mucho, su papá fuera de casa, siempre en el trabajo; se sentía muy sola, en la actualidad problemas de salud en la piel, sobre todo en las manos. Tuvo un novio en su juventud, la relación no muy estable, dos abortos inducidos, no puede reírse, ni siquiera sonreír, de hecho, me dijo que le molestaba la gente alegre, que se reía de todo, le parecían estúpidos y tontos. Sus hermanos si son alegres, pero ella no puede ser como ellos.

Algunos de sus comentarios en las primeras sesiones fueron:

"Soy muy desesperada, muy enojona, con los años más. Me molesta la gente tonta. Mi mamá es muy enérgica, no quiero tener cosas de mi mamá. Me castigo, teniendo cara de fastidio. Tengo miedo de enfermarme como mi mamá. Mi papá muy seco".

Tiene un resentimiento con su papá, ya murió, antes le tenía más rencor. Era muy hosco, nunca abrazaba, no reía, como enojado siempre, muy responsable en su trabajo.

Después de varias sesiones de platicar sobre su situación y sus pensamientos, traté de hacer un ejercicio de relajamiento para bajar el nivel de estrés, y casi al empezar el ejercicio, abrió los ojos y se paró intempestivamente, diciendo:

"No puedo hacerlo, no puedo hacerlo" ...

Y se fue a sentar a su lugar, que por cierto era lo más alejado de mi sillón, siempre se sentaba lo más retirado posible de un servidor, no permitía que te le acercaras, ni saludaba nunca de mano, siempre manteniendo una distancia considerable.

Así que con esta paciente gran parte de las consultas no pude realizar ejercicios vivenciales, o de relajamiento, visualización o hipnosis. Así que solamente podía platicar con ella, escucharla activamente, dar algunas ideas que le pudieran servir para entender o mejorar su situación, utilizando el *diálogo terapéutico*.

Algo muy interesante sucedió con esta paciente, comenzó a recordar sueños especiales, que de alguna manera tenían relación con su terapia, casi siempre aparecía un personaje, que era como un guía que le ayudaba a comprender la situación que se presentaba en los sueños. En otra ocasión me comentó:

"Tengo tres años esperando una persona, que me va a ayudar a salir de mi coraje, de mi depresión, necesito que tú me ayudes a dar ese salto. Creo que ya llegó esa persona".

Le enseñé el ejercicio de la *Ley del perdón*, para que pudiera soltar los resentimientos del pasado, de sus relaciones que no habían sido adecuadas para ella.

La ley del perdón:
Con los ojos cerrados, le pido que repita después de mí las siguientes palabras:

"Invoco la ley del perdón por todos los errores
cometidos por mí y toda la humanidad...
Recibo la ley del perdón en todo mi ser, interna y
externamente.
Me perdono de todo corazón, por todos los errores de
mi pasado.
Me perdono y me libero de mi pasado, de mi presente
y de mi futuro.
Perdono a todo aquél que requiera mi perdón.
Los perdono de todo corazón.
Perdono y libero a todos aquellos que en el
transcurso de mi vida me afectaron de cualquier
forma, los perdono de todo corazón.
Me perdono y los perdono, me libero y los libero.
Soy libre, plenamente libre..."

Me platicó algunos sueños interesantes:

"Se soñó caminando con su hermana menor, en otro
lugar, había tierra suelta en el suelo, llegan a una
tienda, una señora con una blusa muy blanca las
atiende, compran una blusa. Salen de ahí y se
encuentran con dos muchachas como de 18-19
años, una la toma de los hombros y la otra enfrente
de ella, le preguntan si se acuerda de ellas, ella les
dice que la suelten, le comentan que se conocieron
en 1850, ella les contesta que están en el 2001, muy
molesta, ellas están serenas. Tienen cabello corto,
cara redonda, pelo oscuro, morenas claras en su
piel. Le dicen: "A nosotras nos dieron permiso de
regresar, a ti ya van dos veces que te regresan y
estás cometiendo los mismos errores, para volver
tienes que llegar limpia, cambiar, sino te van a
mandar otra vez". Se despertó con miedo.

Le dejé una tarea:

Disfrutar de las cosas gratas de la vida, alimentos agradables, el baño diario, conversaciones con personas que le agradan, la naturaleza.
Quitarse la coraza para sentirse mejor. Hacer las paces con Dios, independientemente de su idea personal.

Otro sueño:

"Víboras comiendo escarabajos, tierra suelta, ella va caminando, observa como 10 o 12 hombres de túnica beige, con un manto café o amarillo, ve a lo lejos a una mujer atada de manos a un tronco, con un mecate grueso, como que la estaban juzgando, la mujer muy hermosa, de facciones casi perfectas, cabello castaño claro, vestida con una túnica sucia, como que sufre mucho. Ella preguntó ¿por qué nadie le desata las manos? Le contestaron: *Ella no quiere, la hemos tratado de ayudar y ella no lo permite, ella tiene que aprender sola...* Uno de los hombres muy guapo de barba le dice: *Ella no ha podido cortar un hilo de plata, se ha traído todos sus fracasos y todos sus miedos.* Entonces ella se acerca con la mujer amarrada, no le gusta que nadie se le acerque. Le dicen que le de las manos, el dolor de ella lo siento yo en mis manos, en los pies tiene llagas, como yo en las manos, ambas tienen el mismo miedo..."

Después de narrarme sus sueños, tratábamos de interpretarlos de acuerdo con su situación actual, buscando que ella misma pudiera encontrar la respuesta al sueño, o que pudiera llegar a una mejor comprensión de su vida actual. Así que, por medio de sus propios sueños, se iba desarrollando la psicoterapia, fue un caso clínico muy interesante, algunas veces analizábamos el sueño de manera simbólica, y en otras mediante la identificación con su personalidad, también cuando eran relacionados con la posibilidad de posibles vidas pasadas de ella misma, buscábamos encontrarles el sentido más positivo a las revelaciones, que por medio de los sueños recibía de manera muy especial.

Otro sueño interesante:

"Accidente de un camión, choque, heridos, no hizo nada por ayudar a la gente, llegó a su oficina, pero era otro lugar, va caminando por un túnel oscuro, tierra suelta (otra vez), paredes de adobe, siente miedo, angustia, sigue caminando, ve su miedo, como un gigante de nube, de color negro, siente el miedo en la garganta. Su miedo le habló con una voz macabra, parece un hombre telaraña, boca y labios gruesos como telarañas. Ella le preguntó: ¿quién eres tú? *Yo soy tu miedo*, le preguntó: ¿Tú eres la persona que me sigue? *Sí*, le contestó. ¿Desde cuando estás ahí? *Desde siempre, yo soy tu miedo desde siempre.*
(**Nota**: ella siente que alguien la sigue en la vida diaria).
Comienza a hablar como persona, le dice: *Voltea*. Y ella ve una luz como de 10-15 centímetros. Se burla de ella porque todo lo hace con miedo. Esa luz es todo lo bueno que ella tiene, su familia, su trabajo.
¿Desde cuándo estás conmigo? *Desde siempre*, le contestó, él se alimenta de esa luz, se apaga y todo queda en oscuridad, toda la oscuridad de ese ser la comienza a envolver (su sombra) y ella comienza a gritar y se despierta".

Otro sueño:

"Va a la oficina y no abre con la llave, camina por una plaza, luego un túnel menos oscuro que otras veces, a mitad del túnel se encuentra a su papá (sabe que está muerto), ¿A qué vienes? Le preguntó ella, *a verte a ti*, le contestó, ella no le permite que él se acerque. Quiere también ver a su mamá, (su abuelita) murió cuando ella tenía 15 años, su papá le pide ayuda, ahora ve a su abuelita envuelta en unos graneros, oscuros, con espinas y arbustos, y cubierta con tierra suelta, entonces se concentra y la ayuda a salir de ahí, su papá le dice que eso mismo debe de hacer con su propia vida. Ella le reclama a su papá, no lo perdona, su papá le da las gracias por hacerse cargo de su hermana menor y siempre ayudarla, le dice que ella es la más fuerte de la familia, entonces ve la cara de Cristo con espinas en el rostro de su padre, pone su mano en el brazo de ella, y le dice que va a poder ver su miedo, (escucha mi voz RLM en la del papá). La Guerra 1800, soldados con caballos, como con falditas. Una mujer la sigue, está embarazada, casa muy pobre, camastro de lona y patas de madera cruzadas, posición de dar a luz, enojo de la señora al cortar el cordón umbilical, de su bebé muy fea, la deja ahí a la bebé, y se va. La voz le dice que la cargue y no puede".

Casi en todas las sesiones, que duraron cerca de un año, asistiendo una vez por semana, me platicaba algún sueño, de tipo simbólico o de tipo revelación de enseñanzas o de posibles vidas anteriores. Poco a poco este proceso se fue convirtiendo en una *catarsis* (1), o liberación de sus miedos, angustias y enojos. Era como si todo lo negativo que había vivido ahora, fuera una consecuencia de acciones de otras vidas, lo más interesante de este proceso natural, es que ella no tenía información de la teoría de la reencarnación, y de cómo es posible que el *karma* (2) pasado se tenga que liberar en la vida actual. También desconocía la existencia de *seres de luz* (3) que están ayudando a la humanidad, y a ella se le iban presentando por medio de las revelaciones mientras dormía su cuerpo físico.

Después de mucho tiempo de psicoterapia, comenzaba a dejarse llevar para relajarse y ayudarla a visualizar en ciertos ejercicios, que la ayudaban a sentirse mejor y entender su situación actual, sobre todo con una mejor actitud mental. Dejó de angustiarse por el problema de sus manos, comenzó a salir más, arreglarse en su persona y a poder reír y sonreír.

(1) *Catarsis*, liberación emocional de recuerdos que alteran la mente o el sistema nervioso.

(2) *Karma,* del sánscrito, ley de causa y efecto, concepto proveniente de la filosofía de la India Antigua.

(3) *Seres de luz,* en todas las tradiciones espirituales se mencionan como auxiliares de la humanidad, son los ángeles conscientes, devas, guías espirituales, maestros de sabiduría.

Ataque de ansiedad

Joven estudiante universitario de 21 años, en una fiesta tuvo una sensación de mareo, se asustó mucho, y luego esto continuó al grado de tener que dejar la escuela, para mejorar su salud, fue con médicos y salió bien en lo orgánico, sólo la ansiedad que no podía controlar, en la entrevista inicial, descubrimos varios sucesos que lo afectaron, y que posiblemente sean la raíz de su problema actual, antes de buscar ayuda psicológica, no había relacionado su problema con su pasado inmediato.

Hace cuatro meses chocó su auto, pérdida total y se asustó mucho. Hace seis meses falleció un vecino de 46 años de un infarto, se asustó mucho. Un amigo de él murió en un accidente de carro hace diez meses. Hace un año y medio atropelló a una niña, sin consecuencias graves. Hace cuatro años vio a unas personas atropelladas.

En otra sesión trabajamos el suceso de la fiesta, que era el más reciente de los acontecimientos que lo han afectado, le pedí que me platicara el evento con los ojos cerrados, luego que lo volviera a platicar mejorando los efectos de este, y una tercera ocasión ahora siendo muy positivo el resultado de la fiesta.

Luego que colapsara el suceso, con el ejercicio de la mano derecha golpeando sobre la izquierda, mandando el evento negativo a la mano izquierda, y tres experiencias positivas a la mano derecha.

Ejercicio de relajamiento general, para aliviar el estrés y la ansiedad. Le encargué de tarea, utilizar el agua de la regadera, imaginando que cuando cae el agua por su cuerpo, se está purificando y eliminando todo lo negativo de su cuerpo-mente, luego cargando todo su ser de positividad y fortaleza.

"En otra ocasión hicimos el ejercicio de la silla vacía, poner la parte negativa de su mente en la silla: Yo le daba las preguntas y él las repetía y luego él mismo daba respuestas a las mismas.

¿Qué te dice?
Tiene la apariencia cómo de un señor mayor.

¿Qué quieres de mí?
Quiero tumbarte, dañarte.

¿Por qué?
Como un reto, a ver que tan fuerte eres.

¿Para qué?
Como una prueba.

¿Para qué me estás probando?
Para ver cómo puedes salir adelante.

¿Es esto necesario?
Para formarte un carácter.

¿Puedo lograr lo mismo sin sentirme mal?
Sí. Tienes que pasar primero esto, para formar carácter.

¿Cómo puedo acelerar el proceso?
Tranquilidad, tranquilizarte un poco.

¿Qué estoy haciendo mal?
Acelerar cosas, el proceso de curación, hacer cosas que hacías antes.

¿Qué ocasionó esto?
Los excesos en la vida y una lección. Exceso de ejercicio, parrandas, muchas actividades.

¿Me quieres dañar o hacer bien?
Todo es para mejorar tu persona.

¿Cómo me puedes ayudar?
Ubicándote en el camino, mostrarte el camino correcto.

¿Me podrías ayudar a quitarme los malos pensamientos?
Estos pensamientos son necesarios para ubicarte.

¿Debo tenerles miedo a estos pensamientos?
No, pensar tanto en algo los provoca".

Nota: *En efecto antes del colapso este paciente se estaba sobre cargando de actividades, escuela, capitán de un equipo de futbol, miembro de un grupo musical, etc.*

Continuamos luego con el análisis de lo que pasó en este ejercicio, y terminamos con una práctica de relajamiento consciente con sugestiones positivas.

En este ejercicio podemos apreciar cómo va modificando el discurso de algo que provoca temor y ansiedad, a algo más positivo e incluso benéfico para el consultante. No siempre pasa esto con todos los pacientes, pero aquí podemos verificar lo que algunas técnicas terapéuticas dicen sobre el subconsciente, que dentro de nuestra propia mente hay muchos recursos, que pueden activarse con la práctica adecuada.

En antiguas escuelas de sabiduría se menciona que lo que llamamos la parte negativa de la mente, no es mala en sí misma, sino que es como un entrenador de un boxeador, el *sparring*, que pelea con él para señalarle sus puntos débiles, y de esa manera prepararlo para su pelea oficial. Así es la parte negativa de la mente, no quiere hacernos daño en sí, pero sus métodos muchas veces nos afectan demasiado, porque no sabemos interpretar sus acciones o reacciones.
Cuando la persona entiende esto, se produce un cambio de conciencia en el individuo, de tal

manera de poder trascender aquello que lo perturba y de esta forma, avanzar hacia el siguiente nivel de su proceso de autorrealización consciente.

DESPEDIDA

Después de compartir contigo amable lector, estas ideas de la psicoterapia integral, solo me resta darte las gracias por permitirme llegar a este momento, para decirte que lo más importante en cualquier tema de estudio es la vivencia profunda, y no solamente la teoría. He aprendido mucho más en la práctica profesional de lo que los libros me han enseñado, sin embargo, reconozco las grandes aportaciones de casi 150 años de investigación en el campo de la psicología y la psicoterapia.

Si al leer este libro han surgido dudas acerca de alguno de los capítulos que he compartido, te sugiero revises mis otros libros, donde he podido ampliar con mayor profundidad, ciertos conceptos o ideas relacionadas con los temas expuestos en este manual.

El propósito de toda psicoterapia es el bienestar integral del consultante, por lo que el psicólogo deberá utilizar todos los conocimientos, habilidades y competencias a su alcance para obtener los mayores y mejores resultados.

"En la actualidad nos encontramos con una tendencia hacia la síntesis, estamos en el camino de estructurar científicamente una psicología integral, que permita encontrar los puntos de coincidencia entre los diferentes modelos que al paso de los años han aparecido en el ámbito psicológico. Este proceso ha sido estudiado por

diferentes investigadores del área científica de la psicología, entre los que podemos citar a:
Colin Wilson "Nuevos derroteros en psicología".
Ken Wilber "Una visión integral de la psicología".
Roberto Assagioli "Psicosíntesis, armonía de la vida".
Eduardo Pintos "Psicología transpersonal".
Stanislav Grof "La mente holotrópica".
John Rowan "Psicoterapia y counselling".
J. Corsi y Ma. del Carmen Mucci "Psicoterapia focalizada multidimensional".

Y entre los escritores no académicos con un enfoque más filosófico que abordan la misma cuestión podemos mencionar a:
H.P. Blavatsky "La doctrina secreta".
Alice A. Bailey "Psicología esotérica, Tratado sobre los 7 rayos".
Serge Raynaud de la Ferriere "Los propósitos psicológicos".
James Redfield "La profecía celestina".
Deepak Chopra "La curación quántica y Conocer a Dios".

Constantemente aparecen nuevos pensadores que avalan esta tendencia que apunta hacia una integración del conocimiento, primero dentro de cada disciplina y posteriormente con otras manifestaciones de las ciencias, de tal manera que en el campo psicológico se habla ahora de psicología integral, integracionista, holística, de síntesis, multifocal, ecléctica, multidimensional, etc".
(Rolando Leal Martínez: *El sendero de la paz y la armonía interior*. Psicología Práctica).

GLOSARIO

A

Adler, Alfred (1870-1937).
Médico y psicoterapeuta austriaco fundador de la psicología individual.

Ajna (del sánscrito). 6" centro de energía o *chakra*, centro de mando.

Akáshik (del sánscrito). Se refiere a los archivos divinos de la luz, donde se encuentran grabados todos los acontecimientos que los seres hemos vivido a través del tiempo.

Alfagénica. El estudio de los niveles de las ondas cerebrales humanas. Existen 4 niveles principales: *alfa, beta, theta y delta.*

Alfa. Nivel cerebral que corresponde a los estados meditativos y al relajamiento consciente, de 7.1 a 14 ciclos/segundo.

Alma. Aspecto espiritual del ser humano, es el yo superior o ser interno, el verdadero ser en contraste con la personalidad humana. Es la parte inmortal que reencarna, para adquirir experiencias a través de su personalidad y lograr la unidad consciente con la chispa divina o *Atman.*

Amén (del hebreo). Significa así sea.

Anahata (del sánscrito). 4" centro de energía o *chakra*, centro del sonido espontáneo.

Ángeles. Seres espirituales que forman parte del quinto reino del planeta, fueron humanos en

197

vidas pasadas, se les conoce también como Maestros del Cósmico, o Guías espirituales.

Ángel guardián. El Guía o Maestro personal de los seres humanos.

Atman (del sánscrito). Es la presencia divina dentro del alma humana, es una parte de Dios mismo, es el aspecto inmanente de la divinidad. El yo divino, amada presencia Yo Soy.

Aura. Campo electromagnético que rodea a toda manifestación física. Bioplasma.

Ausubel, David (1918-2008).
Psicólogo y pedagogo norteamericano de gran importancia para el constructivismo. Aprendizaje significativo.

Ayurveda. Sistema médico de la India.

B

Bach, Edward (1886-1936).
Médico ingles, creador de un nuevo método curativo por medio de flores, derivado de la homeopatía.

Berne, Eric (1910-1970).
Médico psiquiatra canadiense, fundador y creador del Análisis Transaccional.

Bernheim, Hippolite-Marie (1837-1919).
Psiquiatra nacido en Alsacia, junto con Liébeault fundaron la Escuela psicológica de Nancy.

Beta. Nivel cerebral que corresponde a la vigilia, de 14.1 a 55 ciclos/segundo.

Bioplasma. El aura de los seres.

Braid, James (1795-1860).
Neurocirujano escocés. Ha sido considerado el padre de la hipnosis científica. Fue el creador del término hipnosis y sueño hipnótico, su tratamiento se enfocaba al hipnotismo sensorial.

Breuer, Josef (1842-1925).
Fue un fisiólogo y psicólogo austriaco, creador del método catártico para el tratamiento de las psicopatologías de la histeria.
Bruner, Jerome (1915-2016).
Psicólogo norteamericano, realizó importantes contribuciones a la psicología cognitiva y a las teorías del aprendizaje dentro del conductismo.
Bucke, Richard M. (1837-1902).
Uno de los pioneros de la psicología transpersonal. Psiquiatra canadiense.

C

Chakra (del sánscrito). Significa rueda, centro de energía, se mencionan en el sistema Yoga siete centros neurofluídicos, localizados en el cuerpo sutil o psíquico.
Chakra 1. Muladhara, el centro básico. Base de la columna vertebral, plexo coccígeo.
Chakra 2. Svadhisthana, el centro de la mansión del soplo vital. Plexo sacro, bajo vientre.
Chakra 3. Manipura, el centro de la ciudad de la joya. Plexo solar en el abdomen.
Chakra 4. Anahata, el centro del sonido espontáneo. Plexo cardíaco, centro del pecho.
Chakra 5. Vishuddha, el centro de la extrema pureza. Plexo tiroideo, cuello.
Chakra 6. Ajna, el centro de mando. Plexo cerebral, entrecejo.
Chakra 7. Sahasrara, el centro coronario. Cúspide de la cabeza.
Chamán. Personaje con conocimientos o facultades especiales en algunas tribus, o poblaciones donde se practica el curanderismo.
Charcot, Jean Martin (1825-1893).

Neurólogo francés, reconocido por las investígaciones sobre hipnotismo e histeria, en la escuela de la Salpêtrière.

Conciencia. Facultad que nos sirve para darnos cuenta de las cosas. Cuando se despierta en un nivel espiritual y trascendente se le llama: conciencia pura, divina, cósmica, búdica, crística, etc.

Consciente. Corresponde al nivel mental de la personalidad humana.

Coué, Émile (1857-1926). Fue un farmacéutico y psiquiatra francés. Autor del método curativo basado en la autosugestión.

Cuerpo-mente. Concepto que unifica la interrelación entre estos dos aspectos del ser humano.

D

Delta. Nivel cerebral que corresponde al sueño profundo, de 0 a 4 ciclos/segundo.

E

Ego. El yo humano.

Egoico. Relativo al ego.

Endocrino. Aparato formado por glándulas, se consideran la manifestación física de los *chakras*, existen 7 principales:

Suprarrenales = *chakra* 1

Gónadas sexuales = *chakra* 2

Páncreas = *chakra* 3

Timo = *chakra* 4

Tiroides = *chakra* 5

Pituitaria = *chakra* 6

Pineal = *chakra* 7.

Epistemología. Rama de la filosofía que se

encarga del estudio del conocimiento científico.

Erickson, Erick (1902-1994).
Psicoanalista de origen alemán, destacado por sus contribuciones a la psicología del desarrollo.

Erickson, Milton H. (1901-1980).
Psicólogo y médico norteamericano, quien innovó las técnicas de la hipnosis en la aplicación de la psicoterapia.

Esoterismo. De esotérico (interior, oculto), grupo de doctrinas y enseñanzas iniciáticas, que sólo reciben quienes están preparados, el esoterismo existe desde el inicio de los tiempos, lo encontramos en todas las religiones y filosofías. Es lo contrario del conocimiento exotérico o externo. También se le conoce como Metafísica.

Espiritismo. Doctrina filosófica que enfatiza la comunicación directa con los espíritus.

Espiritualismo. Doctrina filosófica que acepta y reconoce la existencia del espíritu.

Extrovertido. Concepto psicológico que se refiere a las personas que viven más hacia el exterior.

F

Filosofía (del gr. *philos*, amigo, y *sophía*, ciencia). Amor a la sabiduría. La búsqueda de la verdad. Estudio racional del pensamiento humano.

Frankl, Viktor (1905-1997).
Creador de la Logoterapia y el análisis existencial, neurólogo, psiquiatra y pensador austriaco, sobreviviente de los campos de concentración nazis.

Freud, Sigmund (1856-1939).

Creador del psicoanálisis. médico neurólogo austriaco, escritor e investigador de la mente humana y el inconsciente individual.

G

Gagné, Robert (1916-2002).
Psicólogo y pedagogo norteamericano. Conocido por la teoría del aprendizaje.
Gardner, Howard (1943-).
Psicólogo, investigador y profesor norteamericano, formuló una teoría de las inteligencias múltiples.
Gnoseología. Rama de la filosofía que se encarga del estudio del conocimiento en general.
Gnosis. Conocimiento, sabiduría.
Grof, Stanislav (1931-).
Psicólogo a quien se le atribuye el uso actual del término transpersonal, alrededor de 1960. Investigador de los estados alterados de conciencia.
Guías espirituales. Ángeles o Maestros.

H

Hahnemann, Samuel (1755-1843).
Médico alemán creador de la homeopatía.
Hermanos mayores. Otro de los nombres de los Grandes Maestros de la humanidad.
Hipnosis. Técnica que sirve para provocar estados de trance, entre la vigilia y el sueño.
Hipnoterapia. Terapia por medio de la hipnosis.

Hipócrates (460-377 a.C.).
Médico griego considerado el padre de la medicina en occidente.
Holístico. Integral.

I

Iluminación. Es un estado de conciencia trascendental.

Imaginación creativa. Visualización, capacidad de ver mentalmente.

Iniciados. Seres humanos que reciben alguna enseñanza secreta o esotérica.

Introvertido. Concepto psicológico que se refiere a las personas que viven más en su interior.

Iridología. Se basa en el reconocimiento del estado de los órganos, por las señales que éstos proyectan en el iris de los ojos, con motivo de sus alteraciones anatómicas y funcionales. El iniciador de esta disciplina fue el Dr. Von Peczely (1826-1911).

J

James, William (1842-1910).
Considerado el padre de la psicología norteamericana. Fue profesor de psicología en la Universidad de Harvard. Representó un influyente papel en la difusión del funcionalismo y el pragmatismo.

Janet, Pierre (1859-1947).
Filósofo, médico y psicólogo, fue director del Hospital de Salpetriere, en Francia. Se le considera el fundador de la tradición analítica en la psicología. Promovió la hipnosis durante toda su carrera.

Jung, Carl G. (1875-1961).
Neurólogo y psicólogo suizo. Estudios sobre el inconsciente colectivo, los tipos psicológicos y los arquetipos. El fundador de la psicología analítica o profunda.

Just, Adolfo (1859-1936). Terapeuta naturista.

K

Kakatani, Yoshio (1940-).
Médico japonés, investigador del sistema Ryodo-raku en acupuntura electronica.

Kardec, Allan (Hipólito León Denigrad Rivail) (1803-1869). Filósofo, pedagogo y escritor espiritista.

Karma (del sánscrito). Significa acción, se refiere a la ley de causa y efecto o principio de causalidad, puede ser positivo o negativo.

Klein, Melanie (1882-1960).
Psicoanalista austriaca, creadora de una teoría del funcionamiento psíquico, hizo contribuciones sobre el desarrollo infantil. Fundó la escuela inglesa de psicoanálisis.

Krestschmer, Ernst (1888-1964).
Psiquiatra alemán, clasificación de los tipos humanos.

Kundalini. Energía serpentina, en el sistema yoga se dice de la energía que se encuentra dormitando en el *kanda* (centro en la base de la columna vertebral), antes de despertar los *chakras* en el sentido espiritual.

L

Lacan, Jacques (1901-1981).
Fue un médico psiquiatra y psicoanalista francés, incorporó elementos del estructuralismo, la lingüística y la filosofía al psicoanálisis.

Lazarus, Arnold Allan (1932-2013).
Psicólogo sudafricano. Modelo multimodal en psicoterapia.

Ley de armonía. Una de las leyes de la naturaleza, la cual se manifiesta por la atracción de los semejantes.

Ley divina. Ley cósmica.

Liébeault, Ambroise Auguste (1823-1904). Médico francés, fundador de la escuela de Nancy. Comenzó a investigar y a practicar la sugestión y el hipnotismo psicológico.

Lifo. Test psicológico que mide cuatro tipos de orientaciones en la vida.

Lowen, Alexander (1910-2008). Estudios de análisis bioenergéticos. Médico y psicoterapeuta norteamericano, representante de la Psicología energética.

M

Maestro personal. El Ángel guardián o Guía espiritual que dirige los pasos del discípulo en el sendero de la vida.

Maslow, Abraham (1908-1970). Uno de los creadores de la psicología humanista y del enfoque transpersonal. Investigador de las experiencias cumbres y la autorrealización humana.

Manipura (del sánscrito). 3" centro de energía o *chakra*, el centro de la ciudad de la joya.

Mantra (del sánscrito). Palabra o grupo de palabras que al pronunciarse producen una determinada vibración. Se utiliza en la meditación.

Meditación. Técnica milenaria que nos ayuda a profundizar en nuestro ser.

Mesmer, Franz-Anton (1734-1815). Médico alemán Quien utilizando lo que él llamaba el magnetismo animal provocaba en sus pacientes un estado como de sueño artificial o sonambúlico.

Metafísica. Más allá de lo físico. Corriente filosófica que estudia el mundo espiritual y su manifestación en el mundo material.

Mindfulness. Atención plena, o conciencia plena. Tipo de meditación creada por el profesor de medicina. Jon Kabat-Zinn (1944-), basada en la meditación vipasana del budismo.

Místico. Alguien que busca la unión con Dios.

Misticismo. Corriente filosófica cuyo tema central es la unión con Dios.

Morton, Prince (1854-1929).
Psiquiatra y psicoterapeuta americano, partidario de la hipnosis. Fue uno de los pioneros de la escuela bostoniana de psicoterapia.

Muladhara (del sánscrito). 1" centro de energía o *chakra*, el centro básico.

N

Naturismo. Sistema de vida que busca la armonía con las leyes naturales.

P

Parapsicología. Ciencia que estudia lo relacionado con fenómenos paranormales. Conocida como metapsíquica.

Pávlov, Iván P. (1849-1936).
Fisiólogo ruso descubridor de los reflejos condicionados. Reflexología rusa.

Perls, Fritz (1893-1970). Médico neuropsiquiatra alemán fundador junto con su esposa Laura Posner (1905-1990), de la terapia Gestalt en los EE. UU.

Piaget, Jean (1896-1980).
Epistemólogo, psicólogo y biólogo suizo. Considerado el padre de la epistemología genética,

hizo grandes aportaciones al estudio de la infancia.

Pinel, Philippe (1745-1826).
Médico francés, dedicado al estudio y el tratamiento de las enfermedades mentales, considerado el fundador de la psiquiatría en Francia.

Plano físico. Nivel de expresión material.

Plano psíquico. Es el nivel de expresión sutil. Es el plano de conciencia intermedio entre el nivel físico-material y el espiritual-cósmico.

Plano causal. El nivel de las causas. Plano espiritual o cósmico.

Plano cósmico. Nivel superior de conciencia. Se le conoce también como causal y espiritual.

Plano sutil. Es el plano psíquico, algunas veces llamado astral.

Platón (427-347 a.C.).
Filósofo griego, compilador de la filosofía de su época.

Prana (del sánscrito). La energía vital.

Pressnitz, Vicente (1799-1851).
Padre de la hidroterapia en occidente.

Psicología (del gr. *psykhe*, alma, y *logos*, tratado, doctrina). Parte de la filosofía, ciencia de la mente y el comportamiento.

Psicología conductista. Teoría psicológica que se concentra en el método científico. Se le relaciona con la teoría de aprendizaje-cognoscitiva.

Psicología humanista-existencial. Teoría psicológica que enfatiza las actitudes y los valores en las relaciones interpersonales.

Psicología psicoanalítica. Teoría psicológica que profundiza en el inconsciente individual.

Psicología psicobiológica. Teoría psicológica que se concentra en la fisiología y su repercusión en los procesos mentales.

Psicología transpersonal. Teoría psicológica que estudia los niveles superiores de la personalidad, el Sí transpersonal o Yo superior.

Psíquico. Lo mental. Individuo con facultades mentales desarrolladas como telepatía, clarividencia, clariaudiencia, etc. Se le llama así al plano sutil que es el intermedio entre el plano físico y el plano espiritual.

R

Reflexología. Estudio de las zonas reflejas del cuerpo, principalmente de las plantas de los pies. También dícese de una corriente científica del estudio de los reflejos en los seres vivos. Se desarrolló mucho en Rusia.

Reich, Wilhelm (1897-1957).

Médico psiquiatra y psicoanalista austriaco, postulador de la teoría del orgón, pionero de la Psicología energética.

Rikli, Arnoldo (1823-1906).

Descubridor de la cura atmosférica.

Rogers, Carl (1902-1987).

La terapia centrada en el cliente, iniciador de la psicología humanista en los Estados Unidos de Norteamérica.

S

Ser interno. El yo psíquico, o ser reencarnante.

Sidis, Boris (1867-1923).

Un pionero de la psicopatología, psicólogo, psiquiatra y médico.

Su esposa Sarah Mandelbaum fue una de las primeras mujeres médico de la historia. Emigraron desde Rusia a los Estados Unidos.

Skiner, B. Frederic (1904-1990).
Psicólogo y filósofo norteamericano. Realizó un trabajo pionero en psicología experimental y defendió el conductismo.

Sócrates (469-399 a.C.).
Filósofo griego, maestro de Platón.

Spranger, Eduard (1776-1832).
Filósofo y psicólogo alemán, uno de los estructuradores de la psicología como ciencia del espíritu.

Subconsciente. Nivel mental por debajo de la conciencia. Se relaciona con la mente orgánica o instintiva del cuerpo.

Supraconsciente. Corresponde al nivel mental del alma o yo superior.

Sullivan, Harry Stack (1892-1949).
Psiquiatra y psicoanalista de Estados Unidos, investigador del psicoanálisis interpersonal.

Sutich, Anthony (1907-1976).
Uno de los creadores de la psicología humanista y del enfoque transpersonal.

T

Theta. Nivel cerebral que corresponde al sueño con ensoñaciones, de 4.1 a 7 ciclos/segundo.

Tipo psicológico. Forma de reaccionar del individuo.

V

Voll, Reinhold (1909-1989).
Médico alemán, investigador de la electroacupuntura.

Voz interior. Es la comunicación del ser interno

con la personalidad humana.

Voz del silencio. Se llama así porque no es audible físicamente, es la voz interior. También se le menciona como la voz sin ruido.

Vygotsky, Lev (1896-1934).
Psicólogo ruso, fundador de la psicología histórico-cultural. Teórico de la psicología del desarrollo.

W

Watson, J. B. (1878-1958).
Psicólogo norteamericano. Creador del conductismo en psicología y psicoterapia.

Watzlawick, Paul (1921-2007).
Psicólogo austriaco. Modelo sistémico en psicoterapia.

Wundt, Wilhelm (1832-1920).
Fisiólogo, psicólogo y filósofo alemán. Considerado el padre de la psicología científica.

Y

Yoga. Uno de los seis sistemas filosóficos de la India antigua. Fundado por Patanjali.

Yogaterapia. Terapia basada en el sistema Yoga.

Yo inferior. Es la personalidad humana.

Yo superior. Es el alma o ser interno.

Yo divino. Es el *Atman* o chispa divina.

BIBLIOGRAFÍA

Assagioli, Roberto. *Psicosíntesis Armonía de la vida*. Editorial Diana. México. 1980.

Auriol, Bernard. *El Yoga y la Psicoterapia*. Editorial Herder. Barcelona 1982.

Bailey, Alice A. *La Luz del Alma*. Editorial Kier. Buenos Aires. 1964.

Bailey, Alice A. *El Alma y su mecanismo*. Editorial Kier. Buenos Aires. 1967.

Baumgardner Patricia. *Terapia Gestalt*. Editorial Concepto. México 1989.

Becabar J., Raphael. *Métodos para la comunicación efectiva*. Editorial Limusa. México 1978.

Besant, Annie. *Tres Senderos de perfección*. Gómez-Gómez Hermanos Editores. México. 1981.

Brennan James F. *Historia y Sistemas de la Psicología*. Prentice Hall. México. 1999.

Caprio. Frank S. *Sea usted su propio psiquiatra*. Herrero Hnos. México.1976.

Carlson, Neil. *Psicología Fisiológica*. Prentice Hall. México. 1997.

Carnegie, Dale. *Cómo suprimir las preocupaciones*. Editorial Cosmos. Buenos Aires. 1968.

Carnegie, Dale. *Cómo ganar amigos*. Editorial Sudamericana. Buenos Aires. 1974.

Carnegie, Dorothi y Dale. *El camino fácil para*

hablar eficazmente. Editorial. Sudamericana. Buenos Aires 1972.

Darley/Glucksberg.*Psicología.*PrenticeHall Hispanoamericana. México. 1990.

De Mello, Anthony. *Autoliberación interior.* Editorial Lumen. Buenos Aires.1988.

Derek y Julia Parker. *Como saber quién es usted.* Edaf, Madrid 1988

Dyer, Wayne W. *Tus zonas erróneas.* Editorial Grijalbo. México. 1978.

Dyer, Wayne W. *Tus zonas mágicas.* Editorial Grijalbo. México. 1990.

Dychtwald, Ken. *Cuerpo-Mente.* Lasser Press. México. 1977.

Ellis, Albert. *Terapia Racional Emotiva.* Editorial Pax. México. 1989.

Fezler, William. *Imágenes creativas.* Ediciones Martínez Roca.México 1993.

Frankl, Victor E. *Psicoanálisis y Existencialismo.* Fondo de Cultura Económica. México 1990.

Frick, Willard B. *Psicología humanística.* Editorial Guadalupe. Buenos Aires. 1973.

Gandhi, Mahatma. *El Bhagavad-Guita.* Editorial Kier. Argentina 1977.

Goleman, Daniel. *La inteligencia emocional.* Editorial Diana. México 1990.

González Garza, Ana María. *De la sombra a la Luz.* Editorial Jus. México. 1995.

González, Luis Jorge. *Terapia para una sexualidad creativa.* Ediciones Castillo. Monterrey. 1989.

González, Luis Jorge. *Terapia: Plenitud personal.* Ediciones Castillo. Monterrey. 1990.

González, Luis Jorge. *Excelencia personal.* Editorial Font. Guadalajara. 1991.

Gutierrez C, Rodrigo. *Temas de psicología médica*. Ediciones Marova. Madrid 1974.

Haldane, Sean. *Primeros Auxilios Emocionales*. Selector. México.1991.

Hubbard, L. Ronald. *Dianética*. Publicaciones de Filosofía Aplicada. México. 1977.

Hubbard, L. Ronald. *Autoanálisis*. New era publications. España 1988.

Hudson William. *Raíces profundas*. Ediciones Paidós. España 1993.

Humphreys, Christmas. *La sabiduría del Budismo*. Editorial Kier. Argentina.1973.

Mascaró J, Crespo R. *Los Upanishads*. Editorial Diana. México 1976.

Merani, Alberto. *Enciclopedia de Psicología*. Edit.Grijalbo. México1979.

Parker W.R., Johns E.ST. *La oración en la Psicoterapia*. Editorial Pax. México. 1989.

Ribb, Anthony. *Experiencias paranormales*. Edimat Libros. España 2005.

Robbins, Anthony. *Poder sin límites*. Editorial Grijalbo. México 1988.

Rodríguez Estrada, Mauro. *Comunicación y Superación personal*. Manual Moderno. México, D.F. 1988.

Rodríguez Estrada, Mauro. *Relaciones humanas*. Manual Moderno. México, D.F. 1988.

Rodríguez Estrada, Mauro. *Manejo de conflictos*. Manual Moderno. México, D.F. 1989.

Samples, B y Wohlford, B. *Apertura*. Addison-Wesley Iberoamericana. México 1990.

Sankaracharya.*Viveka-Suda-Mani*. Costa-Amic Editores. México. 1980.

Shealy, C. Norman. *Cómo mejorar su salud en 90 días*. Editorial Diana. México. 1987.

Silva, José. *El Método Silva de Control Mental.* Editorial Diana. México. 1981.

Smith J., Manuel. *Cuando digo no me siento culpable.* Edit. Grijalbo. México 1980.

Vega, Manuel de. *Introducción a la Psicología Cognitiva.* Alianza Editorial. España 1998.

Wilber, Ken. *La conciencia sin fronteras.* Editorial Kairós. México 1988.

Wilber, Ken. *Una visión integral de la Psicología.* Editora Aguilar. México 2000.

Wilson, Colin. *Nuevos derroteros en Psicología.* Edit. Diana. México. 1979.

www.ingramcontent.com/pod-product-compliance
Lightning Source LLC
Chambersburg PA
CBHW051254250726

48656CB00004B/1280